Kidz & Quanten

WUNDER-VOLL LEBEN

Noa Straumann

IMPRESSUM

Das vorliegende Buch ist sorgfältig erarbeitet worden. Dennoch erfolgen alle Angaben ohne Gewähr. Weder Autorin noch Verlag können für eventuelle Nachteile oder Schäden, die aus den im Buch gemachten praktischen Hinweisen resultieren, eine Haftung übernehmen.

Bibliografische Information der Deutschen Nationalbibliothek:
Die Deutsche Nationalbibliothek verzeichnet diese Publikation in der Deutschen Nationalbibliografie; detaillierte bibliografische Daten sind im Internet über http://dnb.dnb.de abrufbar.

© 2016 Noa Straumann

Illustrationen: Noa Straumann
Herstellung und Verlag:
BoD - Books on Demand, Norderstedt
ISBN 978-3-8482-6072-0

INHALT

Kidz & Quanten will Kleine und Grosse daran erinnern, wie herrlich und einzigartig jedes Wesen, wie grossartig, flexibel und WUNDERvoll unsere Welt ist. Viele Menschen können dies nicht mehr wahrnehmen, sondern fühlen sich abgeschnitten von ihrer Kreativität, Lebensfreude und Selbstkompetenz. Die Erkenntnisse der modernen Quantenphysik offenbaren uns nun, wie gross die Kraft jedes Einzelnen ist, zum Mitwirkenden und zur Mitgestaltenden eines freundlichen Lebens zu werden.

Wer von klein auf lernt, dem eigenen Herzen zu vertrauen, wird durch die eigene Achtsamkeit und Authentizität zu einem inspirierenden Geschenk für das Leben aller.

PERSÖNLICH

Noa Straumann ist diplomierte Pädagogin, Feng Shui Bera-
terin, Emotrance Master Practitioner, Hypnose-Coach und
Access Bars Practitioner, zudem ausgebildet in Schamanis-
mus, Energetischen Heilweisen und Chirologie. Sie tanzt,
malt und schreibt gerne.

Noa Straumann inspiriert in ihrem "Atelier für Leichtigkeit"
Menschen, ihren eigenen Wurzeln und Flügeln wieder zu
vertrauen

www.noa.io

WILLKOMMEN

Herzlich willkommen zu einem WUNDERvollen Leben und dazu, gleich selbst daran mitzuwirken. Der Platz für das Vorwort steht dir zur Verfügung. Du bist nämlich für dieses Buch und auch für dein ganzes Leben der wichtigste Mensch überhaupt. Du bist der Kapitän deines Lebensschiffes oder die Dirigentin deines Lebenskonzertes. Je eher dir das bewusst ist, desto beschwingter wirst du deine Erdentage gestalten können.

Jeder Mensch ist dazu eingeladen, seine ganz persönlichen Ideen, Farben und Melodien in die Welt zu bringen und diese dadurch zu einem schöneren Platz werden zu lassen. Zu einem Ort voller Wunder und Freundlichkeit, Geborgenheit und Freude für alle.

Deswegen beginnen wir jetzt mit deinen Ideen und deinem Mitwirken beim Abenteuer Leben.

Hole nun Stifte und mache dich bereit für dein Vorwort. Wenn du lieber magst, male ein Bild.

VORWORT VON ....

So stelle ich mir die Welt, mich selbst und das Zusammenleben mit allen anderen Wesen in meinen kühnsten Träumen vor:

Danke für deine Worte, Ideen und Bilder.
Vergiss sie nicht!

KAPITEL 1: REALITÄT?

Bestimmt hast du in deinem Vorwort eine wunderschöne Welt beschrieben oder gezeichnet, eine, in der sich alle wohl fühlen und glücklich sind. Dass diese Welt nicht nur in deiner Vorstellung existiert, sondern du sie auch „in echt" erleben kannst, dafür ist dieses Buch geschrieben worden. Als Ermutigung für dich und all die anderen Menschen. Gegen Sellbstzweifel und Traurigkeit. Das Leben soll Freude bereiten und darf leicht sein. Du kannst dir angewöhnen, dich selbst zu achten, deine Ideen einzubringen, deine Kraft anzuwenden und zu geniessen. Denn die freundliche Welt beginnt in und mit dir.

Möglicherweise hast du gegensätzliche Erfahrungen gemacht und bezweifelst nun, dass dein eigenständiges Mitdenken, Mitfühlen und Mitwirken überhaupt gefragt sind. Vielleicht bist du schon des Öfteren in deine Schranken gewiesen worden mit den Worten: „Schau mal, SO macht man das!" und deine Ideen haben keinen Anklang gefunden. Schade.

Wir Menschen haben es uns seit Jahrhunderten angewöhnt zu denken, dass gewisse, speziell kluge Leute **die** Wahrheit kennen und diese allen anderen erklären. Punkto Mathe oder Verkehrsregeln ist das prima. Es ist recht praktisch, wenn du vom Wissen erfahrener Menschen profitieren kannst und nicht alles selbst herausfinden musst. Aber die Welt verändert sich ständig und fordert von uns, wach und aufmerksam zu sein und unser Denken der Entwicklung anzupassen. Diese Entwicklung ist phänomenal. Heute sind Dinge möglich, die noch vor 50 Jahren als Wunder gegolten hätten: Computer, Internet, Roboter, Flüge in's Weltall....

Was dir also gesagt und gelehrt wird, bildet den momentanen Wissensstand ab, aber nicht, was in Zukunft noch alles möglich sein wird. Was jetzt als Fantasterei gilt, ist vielleicht in 20 Jahren völlig normal.

Viele Erfinder und Erfinderinnen, Entdecker und Forscherinnen von früher haben sich nicht damit zufrieden gegeben zu glauben, was man ihnen gesagt hat. Sie wollten selbst nachprüfen, ob zum Beispiel die Erde eine Scheibe sei, über deren Rand man hinunterfallen kann. Oder ob tatsächlich wilde Drachen und Ungeheuer im Meer leben. Oder ob Menschen wirklich nicht fliegen können. Das hat Mut erfordert.

Zum Einen, weil sie die gängigen Meinungen anzweifelten, sich dadurch gegen die Mehrheit der Gesellschaft stellten und daraufhin als Rebellen und Aufwiegler angesehen und beseitigt wurden. Zum Anderen, weil sie sich auf gefährliche Expeditionen begeben, Meere und fremde Länder durchquert haben, um ihre Thesen beweisen zu können. Diesen eigenständigen und eigenwilligen Menschen war es wichtiger, ihrer Neugier und Wahrheit treu zu bleiben, als sich anzupassen und dadurch in Sicherheit zu sein. Dank diesen mutigen Menschen haben wir alle Neues dazugelernt.

So gefährliche Dinge wie diese Entdeckerinnen und Entdecker sollen dir nicht zugemutet werden – aber ein wenig abenteuerlich ist unsere gemeinsame Reise durch dieses Buch schon.
Weil es dir über Dinge berichtet, die noch ungewohnt sind. Dinge, die dich stark machen und nach und nach die Welt verändern können.

Du bist jetzt herzlich eingeladen, aufmerksam zu beobachten, auszuprobieren und dir deine eigene Meinung zu bilden zu dieser ganzen Quanten-Geschichte. Zu schauen, ob sie in deine Realität oder in deine Träume passt.
Die sogenannte Realität muss oft als Begründung dafür herhalten, dass du etwas unbedingt oder keinesfalls tun sollst oder kannst. Aber eine einzige Realität oder Wirklichkeit gibt es nicht. Es kommt darauf an, wer etwas beurteilt.

Stelle dir einmal vor, du müsstest einem Ritter aus dem Mittelalter die Funktionsweise deines Handys erklären oder einen Steinzeitmenschen dazu bringen, in ein Flugzeug einzusteigen. Das wäre sehr schwierig. Was für dich selbstverständlich ist, wäre für den Ritter und den Höhlenmenschen der pure Schrecken.

Umgekehrt hättest du in ihrer Welt aber auch nicht allzu lange Spass. Du kennst dich weder mit Säbelzahntigern noch mit Horden wütender Feinde aus und würdest dich in der ungemütlichen Höhle oder in der frostigen Burg vermutlich bald nach einer warmen Dusche, Fernsehen oder deinem kuscheligen Bett sehnen.

Du siehst, das mit der Realität ist eine verflixte Sache.
Und nun kommen die Quantenphysiker und dieses Kidz &

Quanten-Buch daher und wollen dir nochmals eine andere Variante der Wirklichkeit servieren. Eine, die dir neue Ansichten eröffnet und dir dabei helfen will, dein Leben beschwingter und mit mehr Leichtigkeit zu gestalten.

Denn eigentlich ist alles viel beweglicher, als wir bisher gemeint haben.

Lass dir das erklären. Bestimmt hast du als kleines Kind Lego gespielt und aus den immer gleichen Kunsstoffsteinen stets neue Dinge zusammen gesteckt. So ähnlich verhält es sich mit allem, was du rings um dich siehst. Alles ist aus winzigen, für unsere Augen unsichtbaren Teilen zusammengefügt, die **Quanten** genannt werden. Und diese Quanten sind sehr verspielt.

Wissenschaftler haben herausgefunden, dass Quanten darauf reagieren, wie und was Menschen denken. Wenn Forscher erwarten, dass Quanten sich chaotisch verhalten, dann tun diese genau das. Wenn Forscher hingegen erwarten, dass Quanten sich zielgerichtet benehmen, dann verhalten diese sich entsprechend. Daraus können wir schliessen, dass Quanten gerne mit Menschen zusammen spielen oder arbeiten. Natürlich auch mit dir.

Sie warten eigentlich nur auf dich und deine Ideen und möchten liebend gerne mit dir das Leben gestalten. Je klarer deine Vorstellungen diesbezüglich sind, desto genauer können die Quanten-Legosteine damit beginnen, deine Gedanken in die Wirklichkeit einzubauen. So wirst du zum Anführer und zur Dirigentin befördert und die Quanten tanzen zu deiner Melodie.

Du findest, das töne zu gut, um wahr zu sein?
Du zweifelst daran, dass das funktioniert?
Dann schaue mal im Internet oder auf Youtube unter dem Stichwort Quanten oder Quantentransformation nach. Da präsentieren dir erfahrene Wissenschaftler und Forscherinnen, was ihre Untersuchungen ergeben haben:

- Alles ist aus kleinsten Teilen (den Quanten) zusammengesetzt.
- Quanten reagieren auf die Gedanken und Absichten der Menschen.
- Unzählige Möglichkeiten existieren mit- und nebeneinander
- Das, worauf wir schauen oder das, worauf wir uns konzentrieren, bekommt mehr Kraft.
- 99% von dem, was du (und wir alle sehen) ist eigentlich aus Energie und Information gemacht und deswegen enorm beweglich. Nur 1% davon ist feste Materie.

Denkst du nicht auch, dass dies alles irgendwie nach Wunder klingt? Wunder, die auch für dich da sind.

KAPITEL 3: FORSCHEN

Los geht es. Hast du Lust, die Quantenwelt zu erforschen? Dann komme mit in dieses Abenteuer.

Zuerst darfst du dich mal an einem schönen Sonnentag draussen rücklings auf die Wiese oder auf eine Bank legen und in den blauen Himmel schauen. Nach einem Weilchen wirst du bemerken, dass da im Himmel winzige, glitzernde Punkte herumsausen, auftauchen und verschwinden. So kannst du dir die Quanten vorstellen. Sie sind immer und überall da, unglaublich schnell, leuchtend und bereit für dich, auch wenn es mal regnet.

Wir machen jetzt unser erstes Quanten-Experiment, damit du erleben kannst, wie beweglich die Welt und dein Körper sind.
Das Experiment heisst: **Finger wachsen lassen** und stammt von Frank Kinslow, der mehrere Bücher über Quantenheilung geschrieben hat und sich damit gut auskennt.

Ok, jetzt lassen wir einen deiner Finger in wenigen Minuten grösser werden. Und das geht so:

Rund um deine Handgelenke ziehen sich Hautfalten. Die jeweils obersten an deinen beiden Händen legst du nun exakt aufeinander und die beiden Handflächen und Finger ebenfalls.

Nun siehst du ganz „heilig" aus, nämlich so, als würdest du beten. Da deine Hände jetzt genau aufeinander liegen, kannst du unschwer erkennen, ob vielleicht ein Finger grösser ist als sein Gegenüber. Zum Beispiel überragt der linke Mittelfinger den rechten Mittelfinger um einige Millimeter. Super! Dann wollen wir dem Kleinen jetzt mal auf die Sprünge helfen. Sollten wirklich alle Finger gleich lang sein wie ihr Gegenüber, suchst du dir einfach denjenigen aus, der verlängert werden soll. Danach legst du beide Hände locker auf deine Oberschenkel. Und jetzt kommt es.

Also.

Wir quanteln.

Du gibst einmal den Befehl, dass der ausgewählte Finger wachsen soll. Danach stellst du den Küchenwecker deiner Mutter oder den Timer deines Handys auf 3 Minuten ein und konzentrierst dich auf den ausgewählten Finger.

Du schaust ihn an, ja, du starrst ihn an mit höchster Konzentration. So, als ob du eine Katze vor dem Mausloch wärst und gebannt auf die Maus warten würdest.

Wenn du es schaffst, nur zu schauen und nichts dabei zu denken, machst du den Quanten viel Platz zum Wirken, bist ein Genie und bekommst Applaus.

....

Ok. Die drei Minuten sind um. Es hat nicht weh getan, oder? Nun legst du deine Hände wieder heilig zusammen, indem du zuerst genau Handgelenk-Falte auf Handgelenk-Falte legst und dasselbe mit Handflächen und Fingern tust.

Und nun?????
Hat es geklappt? Ist dein erstaunter Aufschrei im ganzen Land zu hören?
Wahnsinn – ein Wunder!!!! Und erst noch selbst gemacht.

Das ist zum Staunen, nicht wahr? Es funktioniert immer wieder. Keine Angst, auch wenn du es 100 mal machst – nach einer gewissen Zeit normalisiert sich dein Finger wieder.

Dieses Experiment soll dir zeigen, dass nichts, was scheinbar fest ist, auch zwingend so bleiben muss. Der verlängerte Finger soll als Beispiel dafür dienen, was du und die Quanten zusammen bewirken können.

Verstehst du nach diesem Erlebnis, dass die Forscher und Wissenschaftlerinnen regelrecht fasziniert sind? Mittlerweile finden schon viele Menschen auf der Welt die Quanten gigantisch toll. Und Du wirst jetzt eingeladen ins nächste Kapitel, um noch mehr Spannendes aus der Quantenwelt zu erfahren.

KAPITEL 4: NEUGIERIG SEIN

Du hast nun gemerkt, dass mehr passieren kann, als du erwartest. Das ist toll. Ein Zaubermeister bist du aber deswegen noch lange nicht. Zwar darfst du dir etwas wünschen, du wirst auch lernen, dich mit gewissen Fähigkeiten zu verbinden, die dir sehr nützlich sein können, aber „machen" kannst du dann nichts mehr. Ja, es ist sogar direkt hinderlich, wenn du etwas erzwingen willst.

Deine Aufgaben beim ganzen Vorgang sind:

1. Das Ziel klar zu formulieren
2. und dann den Quanten Platz zu machen, damit sie ihre Arbeit tun können.

Das heisst, für dich ist in dieser Zeit (und nur in dieser Zeit): denken ist eher hinderlich. An viele Dinge gleichzeitig denken stört deswegen, weil die Quanten dann mehrere Aufträge erhalten und sich nicht auf **deine eine, wichtige Absicht** konzentrieren können.

Vermutlich ist Nicht-Denken kein Problem für dich. Es kann sehr angenehm sein, den eigenen Gedanken Freiflug zu gewähren und sie nicht festzuhalten. Das wirst du bald bemerken, dich dabei entspannen, neue Kräfte auftanken und es geniessen!

Es gibt noch mehr Interessantes über die Quanten zu berichten.

Du weisst nun schon, dass sie die Legosteine sind, aus denen alles Sichtbare zusammengesetzt ist. Sie liegen aber nicht einfach faul und schlapp herum, sondern sind ständig in Aktion. Zwar haben sie offenbar keine eigenen Ideen und Wünsche, reagieren aber sehr aufmerksam und beflissen auf unsere Gedanken und Vorstellungen.

Sie huschen also lauschend, beobachtend und wachsam durchs ganze Universum und stürzen sich mit Begeisterung auf unsere Gedanken und Gefühle. Diese sind nämlich für die Quanten wie Baupläne. Entdecken sie so einen Plan, schnappen sie sich diesen, lesen ihn in Sekundenbruchteilen und beginnen sofort mit der Umsetzung.
Solange, bis ein anderer Plan sie mehr zu interessieren beginnt. Glücklicherweise werden sie davon nie müde. So unglaublich vital sind die kleinen Biester, dass sie nie schlafen gehen.

„Toll", denkst du jetzt wahrscheinlich. „Und wie weiter? Ich sitze jetzt also inmitten von überaktiven Quanten, die nicht nur um mich rumwuseln, nein – ich bin sogar selbst aus lauter Quanten zusammengesetzt"!

...und eigentlich ist das alles tatsächlich ein

Riesenwunder!

- Dass die Welt jeden Morgen gleich aussieht wie am vorhergehenden Abend.
- Dass ein Stuhl so stabil ist, dass du auf ihm sitzen kannst.
- Dass du nicht am Mittwoch ein Mädchen, am Samstag ein Junge und am Dienstag ein Krokodil bist.
-Dass Wasser Wasser bleibt und nicht plötzlich Kieselstein wird.
- Dass du jetzt nicht komplett verrückt wirst, während du das alles zu verstehen versuchst.

Nun. Du hast recht. Es ist erst mal ziemlich verwirrend (und das ist noch schwer untertrieben). Sogar studierte Quantenphysikprofessoren finden diese, ihre Untersuchungsergebnisse recht aufregend.

Wir Menschen mögen im Allgemeinen nämlich das Vertraute, Bekannte, Stabile und Zuverlässige. Das beruhigt uns, weil wir uns ausrechnen können, wie sich unser Leben weiterentwickeln wird. So ein wildes Quantendurcheinander verunsichert uns massiv. Das haben wir nicht so gerne.

Du fragst zu recht, warum denn die Welt inmitten des Quantenchaos' so beständig bleiben konnte? Die Professoren und Wissenschaftlerinnen meinen, je öfter ein Gedanke gedacht werde, desto besser kennen die Quanten ihn und desto leichter und rascher können sie ihn nachbauen und dadurch die „Wirklichkeit" bilden. Wenn also während Jahrtausenden tausende von Leuten dasselbe denken und fühlen, sehen und beobachten, haben die Quanten Millionen mal die Gelegenheit, immer dasselbe zu üben. Das können sie dann so supergut, dass ihre steten Neubildungen das Immergleiche bauen und abbilden. Darum sieht es halt so aus, als gäbe es selten markante Veränderungen.

Deswegen steht dein Bett jeden Morgen an derselben Stelle und darum findest du deine Schule nach den Ferien am vertrauten Ort vor. Zum Glück, oder?

Pssssst! Es wissen noch nicht allzuviele Leute, dass dies eigentlich erstaunlich ist. Die meisten wundern sich kein bisschen darüber, dass sooo vieles sooo lange gleich bleibt. Im Gegenteil, sie beklagen sich gerne über den langweiligen Alltag und das tägliche Einerlei. Und wissen nicht, wie dankbar sie für die gemütliche Beständigkeit sein müssten. Auf diese können wir uns nämlich mehrheitlich verlassen. Das ist doch herrlich.

Bisher haben wir also unsere Welt auf diese stabile und vertrauenserweckende Weise erlebt und eingestuft.
Wir fanden es völlig normal, dass Berge, Bäume und Häuser immer gleich aussehen und jahrelang brav am selben Platz

stehen bleiben. Es ist sicherlich praktisch, dass wir Menschen nicht jeden Morgen als erstes die Welt von Grund auf neu erschaffen müssen. Die „Kulisse" steht zum Glück immer schon bereit und wir können sofort loslegen, uns die Zähne putzen, morgenessen, duschen, in die Schule gehen und Freunde treffen....

Soweit so gut und herrlich normal. Verlassen wir dieses vertraute Gebiet und beginnen damit, z.b. Finger wachsen zu lassen und mit Quanten zusammen zu arbeiten, dann ist das sicherlich ungewohnt und daher nicht normal .

Jede neue Idee oder Erkenntnis braucht halt ein Weilchen, bis sich die Menschen damit anfreunden können. Es ist ein Wagnis und ein bisschen verrückt – und erst in ein paar Jahren vielleicht die neue Wirklichkeit und ganz und gar selbstverständlich Du kannst dich also als Pionier und Entdeckerin bezeichnen, wenn du nun beginnst, mit den Quanten zu spielen und zu arbeiten.

Es hat durchaus etwas Verlockendes, sich mit dieser neuen, „abnormalen" Idee anzufreunden, denn sie gibt uns mehr Freiheit und mehr Power. Zusätzlich stachelt sie deine Kreativität an und bringt deine Energien auf Trab. Dein Leben wird zu einem Abenteuer – jeden Tag. und es gelingt dir, Gegebenheiten, die dir Schwierigkeiten bereiten, in Richtung Zufriedenheit zu verändern.

Nun hast du sicher grosse Lust auf ein zweites Quantenex-periment. Dieses Mal soll es ein richtig praktisches sein. Und Eines, das dir viel Freude einbringt. Wir hüpfen also froh ins nächste Kapitel und nehmen alle unsere Fragen mit..

KAPITEL 5: QUANTENSPIEL

Das Experiment mit dem wachsenden Finger ist vergnüglich gewesen und hat bestimmt den Zweck erfüllt, dich gründlich zu beeindrucken. Es sollte dir die Flexibilität des Universums demonstrieren.
Offenbar hat es funktioniert, sonst würdest du ja nicht mehr weiterlesen, oder?

Nun lasse uns etwas konkreter werden. Wir wollen ja nützliche Werkzeuge für dich finden, die dir im ganz normalen Leben helfen, mehr Leichtigkeit und Freude zu haben.

Wenn es für dich ok ist, beginnen wir ganz sachte mit einfachen Übungen. Ein Dompteur übt vielleicht auch besser zuerst mit Ziegen und Hunden, bevor er sich mit Löwen und Tigern anlegt. Er muss zuerst die Vorgänge und Zusammenhänge kennen lernen und Vertrauen entwickeln in seine Mitspieler und in sich selbst.

Je geschmeidiger und geschickter, je klarer und sicherer er oder sie wird, desto mutiger und zuversichtlicher wird er oder sie auch. Wir starten also mit einer völlig gefahrlosen aber überaus erfreulichen Aktion.

Sie heisst: **ein überraschendes Geschenk bekommen**..

Wie oft bekommst du Geschenke? Also, ausserhalb von Geburtstagen und Weihnachten. Einfach so, ohne dass du vorher die Welt gerettet oder engelhaft lieb gewesen bist. Im Ernst, Wann bist du zum letzten Mal aus heiterem Himmel heraus, absichtslos und vollkommen unverdient beschenkt worden? Es ist wahrscheinlich lange her. Und dabei wird doch jeder Mensch gerne häufig beschenkt, weil er sich dadurch geliebt und wertgeschätzt fühlt.

Es wäre doch mal wieder herrlich angenehm, ein bisschen überrascht und beglückt zu werden, oder nicht? Dann heisst es also: Auf die Plätze, fertig, los!

Die Quanten stehen schon bereit, scharren ungeduldig mit ihren emsigen Füsschen und wollen sofort für dich lossausen, um deine Wünsche zu erfüllen.

Aber MOMENT!!! Zuerst musst du bereit sein, ein Geschenk zu empfangen. Falls du meinst, du habest kein Geschenk verdient, lies zuerst das Kapitel 6 zum Thema „Mittelpunkt deiner Welt" und kehre danach hierher zurück. Wenn du sagst, „Kein Problem, ich werde gerne verwöhnt", dann kommt jetzt die

Anleitung zur zweiten Übung
Wir quanteln wieder:

Du setzt dich an einem gemütlichen Ort hin und legst deine

Hände auf deine Knie. Nun formulierst du deinen Wunsch:
„Ich möchte innerhalb der nächsten Woche ein überra-
schendes Geschenk erhalten. Weil alles aus Energie und In-
formation besteht, funktioniert das auch. Danke."

Jetzt konzentrierst du dich auf das Gefühl in deiner rechten
Hand. Du nimmst wahr, wie sich der Stoff deiner Hose an-
fühlt, ob du Wärme oder Kälte spürst und ob es in deiner
Hand vielleicht pulsiert. Danach tust du dasselbe mit der lin-
ken Hand. Und zuletzt versuchst du, das Gefühl in beiden
Händen gleichzeitig zu beobachten. Das dauert vermutlich
einige Minuten. In dieser Zeit werden deine Empfindungen
intensiver und klarer und es entsteht eine unsichtbare Ver-
bindung zwischen deinen Händen, eine Art Energiestrom.
Dieser weitet sich aus und strömt alsbald durch deinen gan-
zen Körper, was sehr angenehm ist. Lasse diese Welle sich
ausbreiten und geniesse sie. So ganz nebenbei entspannt
sich dein Körper und du fühlst dich richtig wohl.

Und schon beginnen die Quanten, fröhlich auf eben dieser
Welle zu surfen. Du hast deine Arbeit meisterlich getan und
kannst alles weitere den Quanten überlassen. Nun wendest
du dich wieder deinem normalen Leben zu, isst dein Zvieri,
machst deine Hausaufgaben, spielst mit Freunden, gehst
mit dem Hund spazieren, schaust Fernsehen oder gehst
schlafen.

Ein bisschen Aufmerksamkeit in den nächsten sieben Tagen

kann nicht schaden. Du willst ja dein Geschenk nicht verpassen, oder? Es ist unmöglich vorauszusagen, was es sein wird. Daher ist es eine Riesenüberraschung und eine extrem spannende Sache. Sozusagen deine persönliche Abenteuergeschichte. Und du bist die Hauptperson. Kein Wunder überlegst du dir, was denn dein Geschenk sein könnte.

-Möglicherweise bringt deine Mutter dir unverhofft Schokolade mit
-oder ein Vogel lässt unmittelbar vor dir eine wunderschöne Feder zu Boden fallen
-oder dein Freund schenkt dir seinen tollen Radiergummi

-oder dein Lehrer überreicht dir eine Klassenarbeit mit einer Supernote (obwohl du dachtest, du hättest lauter Fehler geschrieben)
-oder, oder, oder.....
Du weisst ja: Wer Wunder erwartet, dem können sie begegnen.

Findest du das nicht enorm aufregend?

Nun gut, der Einstieg in die Quantenwelt ist mit dieser einfachen Übung wohl gelungen. ein Weilchen hat dich die Sache mit dem Geschenk in Atem gehalten und dich fröhlich gestimmt. Vermutlich reicht dir dies aber auf lange Sicht nicht aus. Denn höchstwahrscheinlich gibt es in deinem Alltag einige Stolpersteine, an denen du dich immer wieder stösst und die dich ärgern oder betrüben. Dein grösster Kummer ist – lass uns raten – die Furcht, du könntest ein Versager, eine Versagerin sein.

Das würde ja dann auch erklären, dass dich an gewissen Tagen niemand zu mögen scheint. Am wenigsten du selber. Das ist schlimm.
Und kein „Superman" erscheint auf der Bildfläche und rettet dich aus deinem Elend und deinen Selbstzweifeln.
Üble Sache!

Und es kommt noch dicker. Es gibt nur einen/ eine, der/die megatreu das ganze Leben lang mit dir unterwegs ist – das bist du. Darum ist es sehr empfehlenswert, mit sich selbst gut befreundet zu sein. Gelingt dies, dann fühlst du dich wohl und zuversichtlich. Dann kannst du auch leichter mit den Quanten spielen, als wenn du verängstigt und verzagt bist.

Aus diesen Gründen ist das nächste Kapitel dem kostbarsten Menschen in deinem Leben gewidmet: DIR.

KAPITEL 6: MITTELPUNKT DEINER WELT

Errötest du, wenn wir dich als den Mittelpunkt deiner Welt bezeichnen oder findest du das ganz in Ordnung? Irgendwie wohnst du ja in deinem Körper und beobachtest von da aus, was ringsum dich läuft – also stimmt das mit dem Mittelpunkt vermutlich schon. Im besten Fall strahlst du wie eine Sonne in deine Umgebung, bist munter und geniesst dein Leben.

Manchmal gibt es aber auch Tage ohne deinen Sonnenschein und deine Freude. Vielleicht, weil du Zoff mit deinen Eltern hattest, dich von deiner Freundin/deinem Freund unverstanden fühlst oder eine schlechte Schulnote bekommen hast.

Heute möchten wir einmal dein aktuelles Befinden messen. Dafür verwenden wir eine Skala von 1 bis 10.

1 bedeutet, alles ist wunderbar, du bist wohlauf und vergnügt.

10 bedeutet, alles ist aus dem Lot, du hast Schmerzen, bist müde oder frustriert.

Du kannst dir ein Lineal mit dieser Skala vorstellen, so etwa:

1....2....3....4....5....6....7....8....9*..10

Und auf diesem am zutreffenden Ort ein Sternchen anbringen.

Ist dieser Stern nahe bei 1, machst du einen Freudensprung und sagst laut Danke. Dann ist heute einer deiner Glückstage.

Ist der Stern jedoch näher an der 10 und du nahezu am Verzweifeln, kannst du dir als erstes mit Hilfe der Quanten eine Glückswelle schicken (später schauen wir weiter – versprochen).

Du erinnerst dich bestimmt an die letzte Übung mit dem Geschenk. Da hast du „die Welle" schon spüren können und gewiss gemerkt, wie gut sie dir tut. Wenn sie dich durchströmt, hast du wieder Kraft, fasst neuen Mut und gute Ideen purzeln dir nur so zu.

Die Glückswelle – Übung
Wir quanteln wieder:
Suche dir also nochmals eine gemütliche, ruhige Ecke und setze dich hin. Lege deine Hände auf deine Knie und spüre zuerst in die eine, danach in die andere Hand hinein. Wärme, Kälte, Pulsieren, Klopfen, Stoff oder Haut – nimm alles ganz genau wahr. Dann sagst du: „Ich schicke mir selbst eine Glückswelle. und weil alles aus Energie und Information besteht, funktioniert das auch. Danke."
Nun konzentrierst du dich wieder voll und ganz auf deine Hände und nur darauf. Alles andere kannst du getrost vergessen. Und was passiert??????
WOW! Die Welle durchströmt dich. WOW!!!!

Nun messen wir nochmals auf unserem Lineal nach.

1....2....3...*4....5....6....7....8....9....10

Oh, das schaut ja schon viel besser aus. Wenn du magst, kannst du dir gleich noch eine zweite Welle schicken.

Danach sieht dein Lineal vielleicht schon so aus:

   1*....2....3...4....5....6....7....8....9....10

Du merkst also, du kannst dich selbst in einen besseren Zustand bringen. Fühlst du dich wohler, betrachtest du die Welt natürlich auch freundlicher und zuversichtlicher und vieles bekommt die Chance, sich auch bekömmlicher zu entwickeln.

Das Lineal ist auch für andere Dinge sehr nützlich. Zum Beispiel, um nachzumessen, wie gut dir der herrliche, fette Hamburger tut, oder der saftige Apfel, oder das wilde Computerspiel oder der Krimi im Fernsehen.
Du meinst, weil du nur in Gedanken misst, könne das doch nicht stimmen. Probiere es einfach aus und du wirst staunen. Je öfter du das anwendest, desto zuverlässiger wird dein Lineal.

Es gibt aber noch eine zweite Möglichkeit
herauszufinden, was zu dir passt. Dein Körper ist auch dafür

ein guter und exakter Ratgeber. Und so funktioniert der **Körper-Kompass:**

Dein Körper ist genial. Er findet sogar Lügen heraus. Willst du ihn testen? Setze dich nochmals an einen gemütlichen, ruhigen Platz, wo du ungestört bist. Spüre in deinen Körper hinein und stelle fest, wie dieser sich anfühlt. Drücke dies in drei Worten aus: z.B. entspannt, wohlig, warm....

Nun sagst du etwas, das deiner Meinung nach wahr ist. Zum Beispiel „Ich bin ein Junge" (natürlich nur, wenn du ein Junge bist. Ansonsten sagst du: „Ich bin ein Mädchen", LOGO!) Beobachte jetzt genau, ob und was sich in deinem Körper verändert und beschreibe in drei Worten, was passiert ist: z.B. mein Körper ist weicher, atmender, leichter geworden.

Nun erzählst du eine offensichtliche Lüge. Zum Beispiel: „Ich bin ein Elefant" und beobachtest wiederum, was in deinem Körper geschieht. Zieht sich dein Magen zusammen oder juckt dein Ohr, frierst oder schwitzt du?

Du kannst diesen Vorgang mit unterschiedlichen Fragen wiederholen, um ganz sicher zu sein, dass du die Körperreaktionen klar erfasst hast.

Auf jeden Fall hast du nun offensichtliche Antworten von deinem Körper erhalten. Die erste Reaktion bedeutet **JA**, die zweite **NEIN**.
Diese Antworten machen dich unabhängiger von der Beurteilung anderer Menschen. Je nachdem, wer dich, deine Arbeit oder dein Tun beurteilt, kann es nämlich verwirrend unterschiedlich ausfallen, sodass du manchmal nicht mehr weisst, was du als richtig anschauen kannst. (Dies gilt natürlich nicht für Mathe, Franz und das umsichtige Verhalten z.b. im Strassenverkehr). Dein Körper kann dir aber klar mitteilen, ob du dich gegenüber deinen Freunden freundschaftlich oder mies verhalten hast und ob z.B. dein Gemälde Kunst oder Schrott ist.

Dein Körper kann also tatsächlich zu einem Kompass werden, der dir DIE Richtung und DEN Weg anzeigt, die dir gut tun und zu dir passen. Diese Methode hilft dir, dich selbst einzuschätzen und einen ruhigen, sicheren Platz in dir selbst zu finden. Von da aus kannst du dann gelassen und zuversichtlich mit dem Quanten-Dirigieren beginnen. Ohne Klarheit funktioniert das nämlich nicht so gut.

Die vielen Informationen, die du den ganzen Tag erhältst, verwirren dich sicherlich auch ab und zu. Wie kannst du in diesem Zustand wissen, was genau zu dir passt? Was du dir Sinnvolles wünschen sollst. Deswegen liefern wir dir jetzt auch noch das

SOS-Programm gegen Verwirrung
Du stellst dich unter die Dusche und spülst einfach alle Verwirrung ab. Weg damit. Danach trinkst du einige Schlucke Wasser und denkst dir dabei, dass diese völlige Klarheit in deinen Körper bringen.

Das Wasser verhält sich ähnlich wie die Quanten – es hört deinen Wunsch und verwirklicht ihn. Der Vorteil beim Wasser ist, dass du es sehen und spüren kannst. Und dass du weisst, es wäscht tatsächlich etwas von dir ab. Im Prinzip könntest du geradeswegs die Quanten für das Enrledigen dieser Aufgabe einsetzen, wenn du diesen unsichtbaren Dingern schon jetzt vertraust. Ansonsten benutze als Übergangslösung eben Wasser.

Hast du keine Dusche zur Verfügung, tut ein Wasserhahn denselben Dienst. Du drehst das Wasser auf und umfasst mit beiden Händen den Hahn. Dem ausfliessenden Wasser gibst du deine gesamte Verwirrung mit. Weg damit! Du kannst richtig spüren, dass das klappt. Und danach trinkst du wieder einige Schlucke reines Wasser mit dem Gedanken, dass Klarheit den Platz der Verwirrung einnimmt. Diesen frei gewordenen Platz willst du ja nicht etwas Unbestimmtem überlassen.

Grossartig. Das hast du gut gemacht. Nun bist du ganz nah an deinen Kern gerückt. Nah an deine innere Schatzkiste. Zum Zentrum deiner Kraft. Zum Mittelpunkt deiner Welt. Herzliche Gratulation.

KAPITEL 7: ÜBER SCHMETTERLINGE UND MENSCHEN

Nicht nur die unterschiedlichen und vielfältigen Informationen von aussen können dich (und alle) verwirren. Auch was in dir drin abläuft sorgt für Turbulenzen. Du kennst das bestimmt: Am einen Tag bist du glücklich, zuversichtlich und frohgemut, am nächsten mutlos, traurig und frustriert. Manchmal ohne Grund. Verflixt, ist das mühsam. Das kommt daher, dass du nicht immer dieselben Bedürfnisse hast und daher oft nicht merkst, was dir heute gut tun würde. Aus lauter Gewohnheit meinst du dann, dass das Zusammensein mit Freunden dir Auftrieb gibt – dabei wäre es bekömmlicher, wenn du heute eine Weile schlafen würdest.

Lass dir dies am Beispiel des Schmetterlings erklären. Der Schmetterling beginnt sein Leben als winziges Ei. Es ist unmöglich zu sehen, was genau aus diesem Ei werden wird: Ein Admiral, ein Trauermantel, ein grosser Fuchs, ein Zitronenfalter oder ein Taubenschwänzchen. Alles ist noch völlig offen.

Das Ei liegt schlicht und einfach da und kann alles oder nichts sein. Nach einer Weile schlüpft eine Raupe aus dem undefinierten Ei. Die will nur eines: Fressen. Alles, was sie kriegen kann, futtert sie in sich hinein. Sie ist richtiggehend gierig und ein totaler Egoist. Den anderen lässt sie nichts übrig. Dafür wächst und wächst sie ohne Ende und wird megadick und kraftvoll.

Wenn sie satt ist, verpuppt sie sich. Sie hüllt sich ein und will gar nichts mehr wissen von der Welt. Sie zieht sich also zurück und schläft. Und träumt von farbigen Flügeln, Blumenwiesen, süssem Nektar und blauem Himmel. Sie schwelgt in den Bildern, die sie sich ausmalt. Dabei hat sie alles immer nur vom Boden aus gesehen. Eigentlich kann sie all das Schöne, Grosse und Weite gar nicht kennen. Sie weiss nur Bescheid über Erde, Blätter und mühseliges Krabbeln. Wenn sie lange genug geträumt hat, sprengt sie ihre Hülle auf und schlüpft aus dem engen Gefängnis. Ganz sachte entfaltet sie ihre Flügel.

Niemand darf ihr dabei helfen und etwa beflissen an ihr rumzupfen. Sonst werden die zarten Flügel verletzt.

Das Tier muss es aus eigener Kraft schaffen und sich genügend Zeit dafür nehmen. Es kann ein anstrengender Prozess sein.

Doch irgendwann breitet der Schmetterling seine Flügel in seinen eigenen Farben aus und fliegt in das hinein, wovon er geträumt hatte. Er tanzt mit Freunden, mit dem Wind, der Sonne und dem blauen Himmel. Herrlich, zauberhaft, wunderwunderschön.

Ein solcher Schmetterling bist du auch. Nicht nur ein Mal. Sondern immer wieder. Darum musst du es dir nicht übel nehmen,

-wenn du am einen Tag ein neutrales Ei bist, das mit allem gut zurecht kommt, ohne sich aufzuregen.

-Und am nächsten Tag bist du ein völliger Egoist, der nur will, will, will (ohne Rücksicht auf andere).

-Und am dritten Tag ziehst du dich wortlos zurück in dein Zimmer und bist für niemanden zu sprechen, weil du mit dir selbst ins Reine kommen und in deinen eigenen Träumen schwelgen willst.

-und am vierten Tag bist du der Star, der Superfreund, die herzlichste, fröhlichste, kreativste Person, die man sich wünschen kann.

-Und danach das Ganze wieder vor und zurück.....

Klar, dass du dich selbst nicht so toll findest auf dieser unberechenbaren Achterbahnfahrt. Und kein Wunder, dass deine Eltern, Freunde und Lehrer sich zuweilen wundern. Wenn sie alle ehrlich wären, müssten sie aber zugeben, dass es ihnen genau gleich ergeht wie dir. Jeder und jede ist Mensch und Schmetterling zugleich. Alle erleben diese unterschiedlichen Phasen.

Dies zu wissen, hilft dir sicher, grosszügiger mit dir und anderen zu sein.
- Ein Ei ist halt unbestimmt und dafür anpassungsfähig.
- Eine Raupe will sich sättigen und sucht Nahrung, Input, Vergnügen, Abwechslung.
- Eine Puppe braucht ihre Ruhe und Einsamkeit.
- Und ein Schmetterling kann all seine Talente freudig zeigen und sich und sein Leben geniessen.
Wenn du dich wie ein geschmeidiger Surfer von einem Schmetterlings-Stadium zum nächsten tragen lässt, wird alles einfacher.

Sei verständnisvoll und nachsichtig mit dir. Finde kluge Kompromisse zwischen den Anforderungen der Welt da draussen und den Anforderungen deines Schmetterlings-Wesens. Wenn du wegen der Schule nicht den ganzen Tag Puppe sein kannst, räume dir zumindest abends etwas Rückzug und Stille ein.

Oder wenn du Raupe bist, gönne dir am Wochenende eine gediegene Party mit deinen Freunden.......das passt schon.

Vergiss einfach nicht – du bist dein treuester Freund. Da ist es schon gut und nützlich zu wissen, wie es dir geht und was du grade brauchst, um zufrieden und wohl zu sein.

Dein Wohlbefinden ist der Wurzelstock deines Lebensbaumes. Bist du gut verankert und genährt, wirst du sofort toleranter, zuversichtlicher und tatkräftiger.

Deine innere Sonne erwärmt dich und kann mühelos nach aussen scheinen. Freunde und Familie scharen sich fröhlich und unbeschwert um dich. Das Leben ist herrlich.

Nützen wir doch den guten Moment und begeben uns auf Schatzsuche. Rucksack, Machete und Kompass benötigen wir nicht – bloss etwas Aufmerksamkeit. Für dich und deine Talente.

KAPITEL 8 : SCHATZSUCHE

Nun, da du grade so schön entwirrt und nah bei dir bist, begeben wir uns auf Schatzsuche.

In diesem Kapitel wollen wir 1000 Gründe finden, dich zu loben. Lob ist nämlich etwas Wunderbares – es vermag jeden Menschen zu erfreuen und zu bestärken. Du hast das bestimmt schon selbst erlebt:

Du mähst an einem heissen Sommertag den Rasen vor deinem Haus, du schwitzt extrem, hast Durst und bist frustriert, weil du dich viel lieber schon jetzt mit deinen Freunden im Schwimmbad vergnügen würdest. Da kommt deine Mutter mit einem Glas Eistee zu dir und sagt: „Du machst das prima, so schön hat unser Garten noch nie ausgesehen." Du schlürfst zufrieden das eiskalte Getränk. Verschwunden sind Frust und Groll, und die unangenehme Schwitzerei stört dich nicht die Bohne. Beschwingt mähst du den Rasen zu Ende, packst deine Badesachen zusammen und radelst zum Schwimmbad. Dort warten schon deine FreundInnen und wundern sich, warum du so spät erscheinst. „Ich habe noch kurz unsern Rasen gemäht", sagst du stolz. Und, begleitet vom bewundernden „WOW" deiner Freunde, tauchst du geniesserisch ins erfrischende Nass.

Nicht immer ist jedoch jemand zur Stelle, um dir mit einem Lob den Rücken zu stärken und dich zu ermutigen. Manchmal bist du gänzlich auf dich gestellt und musst dein eigener Motivator sein. Dann ist es nützlich zu wissen, auf welche Stärken du vertrauen kannst.

Was für einen Baum dessen Wurzeln sind, sind für dich deine Talente. Sie geben dir Standfestigkeit und verbinden dich mit Untergrund und Nahrung. Es gibt einige Pflanzen, die nur eine Wurzel haben. Diese nennt man Pfahlwurzel. Eine Pfahlwurzel ist dick und lang und sehr stark. Auf Menschen übertragen, könnte man von einem genialen Ausnahmetalent sprechen, welches alle anderen überstrahlt und dominiert. Dieser Mensch kann etwas super-super-supergut und wird vielleicht deswegen von anderen Menschen beneidet. Möglicherweise ist dieses Genie dafür sonst im Leben von gewissen Dingen oder Tätigkeiten aber krass überfordert, die du mit links erledigen würdest.

Die meisten Pflanzen verfügen jedoch über zahlreiche - kräftigere und dünnere – Wurzeln, welche sich auf unterschiedlichste Weise ins Erdreich senken. Dies sorgt zwar nicht für grosses Aufsehen und viel Bewunderung, aber es stützt die Pflanze zuverlässig in alle Richtungen ab.

Sei also nicht traurig, wenn du kein Genie bist. Die Welt braucht neben Einsteins, Stars und Helden auch uns ganz „gewöhnliche, unspektakuläre Menschen" mit breitgefächerten Talenten. Wir sind das Netz, welches alles zusammenhält. Wir können uns in andere hineinfühlen, eben

weil wir breit abgestützt sind.
Dabei ist auch die kleinste Wurzel hilfreich und kostbar.
Nun wollen wir herausfinden, welches deine Wurzeln sind.
Nicht alle sind auf Anhieb erkennbar. Nicht alle werden auf die Weise wertgeschätzt und beachtet, wie sie es verdient hätten. Nicht alle sind angenehm und trotzdem gehören sie zu dir und machen dich einzigartig und die Welt dadurch bunter.

Allgemein anerkannt und beliebt sind sicherlich Fähigkeiten wie Klugheit, Freundlichkeit, Zuverlässigkeit, Ehrlichkeit, Hilfsbereitschaft, Geschicklichkeit, Fairness, Ausdauer, Charme, Ideenreichtum, Fleiss, Einfühlsamkeit und Selbstbewusstsein. Bestimmt sind das alles auch deine Wurzeln.

Darüber hinaus kannst du vielleicht

-Besonders gut Witze erzählen
-Singen oder Gitarre spielen
-Kuchen backen
-Einrad fahren
-Grosse Kaugummiblasen machen
-Deinen Hund dressieren
-Auf hohe Bäume klettern
-Schnell schwimmen oder rennen
-Lustige Figuren zeichnen
-Deinem Freund geduldig zuhören
-Sofort nach dem Aufstehen hellwach sein

-Ja sagen
-Bis in alle Nacht aktiv sein
-Jede Party mit guter Laune versorgen
-Deine Schulsachen perfekt organisieren
-Auch im Chaos die Ruhe bewahren
-Gedichte schreiben
-An Gesichtern das Befinden der Menschen ablesen
-Dir alle Fussballresultate merken
-Englische Songtexte verstehen
-Stricken und Knöpfe annähen
-Unsichtbarer Beobachter sein
-Tolle Träume haben und sie am Morgen erinnern
-Lächeln
-Eine neue Spaghetti-Sauce erfinden
-Ein Vogelhaus zimmern
-Skaten oder Skifahren
-Dich am Regenbogen erfreuen
-Nein sagen
-Spüren, was für dich richtig ist
-Ahnen, was ein anderer braucht
-Etwas vergessen
-Dich entspannen
-Dich voll begeistern für etwas oder für jemanden
-Sauer sein und dann wieder froh werden
-Etwas Neues auszuprobieren wagen
-Dich fröhlich zum Affen machen
-Alles um dich herum vergessen, wenn du ein spannendes
Buch liest, einen Film schaust oder mit deiner Katze spielst

-Dein Lieblingsessen total geniessen
-Dich entschuldigen
-Einen Freudensprung machen

Dies ist nur ein kleiner Ausschnitt von allem, was als Talent angesehen werden kann. Merkst du, welchen Reichtum du in dir trägst? Am besten zeichnest du nun einen wunderschönen Baum und schreibst in seine Wurzeln all deine Talente, die dir in den Sinn kommen. Wetten, dass das Blatt Papier bald zu klein wird dafür ? Dann klebst du einfach ein neues Blatt daran und schreibst fröhlich weiter.

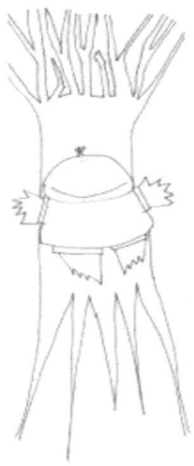

Mit jeder Wurzel wird deine Zufriedenheit ein bisschen grösser werden. Mit jeder Entdeckung deiner Fähigkeiten wirst du dich sicherer und wohler zu fühlen beginnen. Ach, das kann ich ja auch noch!!!! Und das....und das!!!! Es hört nicht mehr auf. Tag für Tag kannst du aufs Neue fündig werden. Nicht nur bei dir – auch bei allen Menschen, Tieren und Pflanzen rings um dich. Ja, selbst das Wetter überrascht dich dann mit vielfältigen Talenten, die Abwechslung in dein Leben bringen.
Spannend, oder?

Wie fühlst du dich jetzt, wenn du deinen Baum mit den vielen Wurzeln vor dir siehst?
Bewunderst du dich ein bisschen mehr als zuvor? Vermagst du auch andere Menschen zu bestaunen?
So, wow, kann der wütend werden oder stur sein! Wow, kann die zickig oder weinerlich sein! Und im selben Moment wirst du wissen, dass der oder die neben der Wut- oder Zickigkeitswurzel auch ganz viele andere (nette, lustige, liebenswürdige...) Wurzeln hat, obwohl du jetzt grade nur die eine sehen kannst.

Schon toll.Umgekehrt ist es nämlich genauso. Falls du heute als Looser-Wurzel unterwegs bist, kannst du dich damit trösten, dass dir noch gaaaaanz viele andere Wurzeln zu eigen sind. Heureka – du bist super und das wirst du nun NIE mehr los. Es steht nämlich da auf deinem Blatt mit dem Bild von deinem Baum und deinen Wurzeln. Lass sie wachsen und erstarken, indem du sie häufig anwendest und dich an ihnen erfreust. Lobe dich ab und zu selbst, wenn niemand anderes Zeit dafür hat. Das mögen deine Wurzeln. Sie werden noch mehr erstarken und du mit ihnen.

KAPITEL 9: KRAFTSTEIN

Du hast nun viel gearbeitet. Ja, ja, es ist tatsächlich eine ernst zu nehmende Arbeit, sich Gedanken zu machen über sich selbst. Hoffentlich hast du nicht zu früh aufgegeben. Hoffentlich liegt vor dir jetzt ein grosses Blatt Papier mit einem kraftvollen Baum, der viele Wurzeln hat. Wurzeln, die zeigen, auf welche Talente du stolz sein kannst.
Jedes Mal, wenn du dieses Bild anschaust, erinnert es dich daran, wie grossartig du bist. Und daran, dass du Freude an dir selbst haben kannst. Es ist toll, dass es dich gibt auf genau die Weise, wie du bist. Nämlich EINZIGARTIG!!!! Niemand sonst auf dem ganzen Planeten ist so wie du.

Wir wissen aber aus Erfahrung, dass es immer wieder Situationen gibt, in denen man vergisst, wie wunderbar man ist.

Zum Beispiel, wenn jemand mit dir schimpft und unzufrieden ist, mit dem was du getan oder gesagt hast. Schwupps erlischt deine innere Sonne, dein Baum schrumpft und die Wurzeln scheinen zu verdorren.
Du fühlst dich sofort winzig klein, schäbig und mutlos. Vielleicht wirst du auch traurig oder wütend. Verständlich.
Möglicherweise ist gerade niemand da, der dich daran erinnert, wie toll du eigentlich bist. Und deine Baumzeichnung kannst du ja nicht immer als Mutmacher mit dir rumschleppen.

Deswegen wollen wir jetzt zusammen einen Talisman basteln. Ein Talisman ist ein kleiner Gegenstand, den du immer bei dir tragen kannst und der dir Glück bringen soll. Vor allem aber ist er eine Erinnerungshilfe, damit du NIE NIE MEHR vergisst, wie viele Wurzeln du hast und dass sie zu jeder Zeit bei dir sind.

Ziehe deine Schuhe an und wandere los. Also in echt jetzt. Hinaus auf die Wiese, hinein in den Wald. Halte deine Augen offen. Irgendwo wirst du einen Stein erblicken, der dir auf Anhieb gefällt. Er sollte nicht gerade 10 Kilogramm wiegen. Nein, denn das wäre zu anstrengend und beschwerlich. Er sollte klein und handlich sein, damit er gut in deine Hand und in deine Hosentasche passt.

Hebe ihn auf und nimm ihn mal probehalber in deine Hand. Fühlt er sich gut an?Warm vielleicht? Kribbelts?

Tip Top!!! Dann hast du den richtigen Stein für deinen Talisman gefunden und darfst ihn mit nach Hause nehmen. HURRA! Dies wird dein Glücksbringer.

Daheim legst du nun den auserwählten Stein auf deine Baumzeichnung. Die beiden sollen sich nämlich miteinander anfreunden. Lasse ihnen ein bisschen Zeit dazu. Nur Geduld.........du beobachtest die zwei ganz entspannt. Wenn du das Gefühl hast, dass sie sich gut genug kennen gelernt haben, kommt der nächste Schritt.

Wir möchten jetzt deine Zeichnung mitsamt deinen kostbaren Wurzeln als Information in den Stein hinein beamen. Das ist so ähnlich, wie wenn du eine CD in das Abspielgerät schiebst und danach die Musik hören kannst, die du ausgewählt hast. Oder wie wenn du eine neue Datei auf deinen Compi lädst.

Ganz einfach also. Bloss suchst du beim Stein natürlich vergeblich nach einem Schlitz für die CD oder einer Buchse für einen Datei-Stick. Macht nichts. Es gibt noch eine andere Möglichkeit. Du ahnst es bestimmt schon.

ACHTUNG!!! Wir quanteln wieder.

Du legst einen Zeigfinger auf deine Zeichnung und den anderen Zeigfinger auf den Stein. Du spürst zuerst in den einen, dann in den anderen Finger hinein. Stellst fest, was du wahrnimmst: Warm, kalt, glatt, rau, pulsierend, ruhig....

Wenn du nun selbst ganz ruhig geworden bist, sagst du (laut oder leise):

„Alles, was ich hier aufgeschrieben habe, wird nun im Stein-Talisman gespeichert. Weil alles aus Energie und Information besteht, funktioniert das auch. Danke."

Nun brauchst du bloss noch gemütlich die Welle abzuwarten.

Und voilà – dein Talisman hat das ganze wundervolle Programm gespeichert. Das heisst, dein Stein ist ein Kraftpak geworden, das du ab sofort immer bei dir tragen kannst. In Momenten der Unsicherheit oder der Verzweiflung umfasst du deinen Stein mit der Hand und er wird dir geduldig seine Botschaft übermitteln. Die Botschaft der vielen, vielen bewunderungswürdigen Wurzeln, auf die du vertrauen kannst.

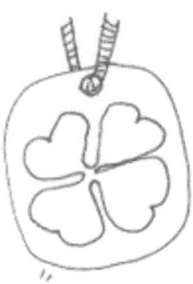

Merkst du, dass du nun kraftvoller und zuversichtlicher wirst? Du bist umgeben von Quanten(-Freunden).

Apropos Freunde - Überlege dir einmal, wie dein bester Freund, deine liebste Freundin im Idealfall sein sollte. Welche Eigenschaften sollte sie oder er haben, damit du gerne mit ihnen zusammen sein würdest? Was findest du liebenswert, lustig, interessant, spannend oder voll relaxed?
-Male dir in Ruhe deinen perfekten Freund aus
-Drehe einen innerlichen Film über deine Herzensfreundin..

Und nun, stell dir vor, dass DU das bist. Ja, genau so liebenswert, lustig, interessant, spannend oder voll relaxed, wie du es dir vorhin ausgemalt hast. Genial, oder? Was sagt dein Körpergefühl zu dieser VorstellunG? Signalisiert es Zufriedenheit und Freude? Bestimmt!!!

Und nun wollen wir dir etwas Wunderbares verraten: Dieses Zufriedenheits- und Freudegefühl strahlt nicht nur in dir. Nein, es leuchtet unsichtbar über dich hinaus. Mit den normalen Augen kann man es zwar nicht sehen, aber den Herzen der anderen Menschen, der Tiere oder dem Zufall bleibt es nicht verborgen. Sie spüren es und wollen in deiner Nähe sein, weil sie dich als angenehm empfinden. Sie mögen dich und wollen dich unterstützen und begleiten. Nicht, weil du dir Mühe gegeben hast, sondern einzig, weil du mit dir selbst befreundet bist.

Ist das nicht herrlich? Du wirst zum Magneten für Angenehmes, Erfreuliches und Freundliches, weil du dich selbst für ok hältst.

Über kurz oder lang wird tatsächlich ein Freund oder eine Freundin auftauchen und du wirst mit ihm/ihr tolle Projekte starten können. Ihr beiden Wunderbaren könnt nun zusammen etwas unternehmen. Worauf hättest du Lust?

-Eine Band gründen, tolle Musik machen und berühmt werden.

-Alle Lebewesen, die im Bach leben, ausfindig machen und katalogisieren.
-Eine originelle Schülerzeitung verfassen und frischen Wind in den Schulalltag bringen.
-Eine eigene Kleiderkollektion entwerfen, nähen und am Wochenmarkt verkaufen.
-Einen Stadtrundgang für Jugendliche organisieren und ihnen die sonderbarsten Häuser zeigen.
-Kaninchen züchten und Wettspringen üben.
-Mit dem Teleskop die Sterne erforschen.

Bis dahin sei du dein bester Freund/deine liebste Freundin und halte dir die Treue.

KAPITEL 10: VIELFALT

Fühlst du dich gut auf unserer Entdeckungsreise oder schüttelst du ab und zu verwundert den Kopf? Ist zu viel Ungewohntes und Verblüffendes dabei? In den virtuellen Welten deiner Computerspiele scheinen dir Wechsel der Ebenen, das Erscheinen sonderbarer Wesen und das Heranbeamen von Hilfsmaterial, Schatzkarten und Belohnungen selbstverständlich und leicht – aber du fragst dich jetzt sicher, ob das im richtigen Leben auch funktionieren kann?
Es ist gut, dass du fragst.
Frage immer wieder.
Halte Wunder für möglich.
Beobachte mit den Augen und deinem Herzen.

Im letzten Kapitel hast du dich selbst neu entdeckt, nicht wahr? Vermutlich hast du Fähigkeiten an dir gefunden, von denen du bisher nichts gewusst hast. Und diese Entdeckungen haben dich verändert. Ja, jetzt nichts Sensationelles im Äusseren. Aber In dir drin ist wahrscheinlich mehr Wärme, Leichtigkeit und Kraft.

Du guckst jetzt vielleicht fröhlicher in die Welt und dein Rücken ist möglicherweise gerader geworden, weil du einige zusätzliche Gründe gefunden hast, mit dir zufrieden zu sein. Du fühlst dich kostbarer. (DAS BIST DU AUCH). Trotzdem schaust du im grossen Ganzen noch immer aus wie vorher. Äusserlich hat sich also nicht allzu viel geändert, oder?

Bisher hast du einfach nur durch ein Rohr auf dich geschaut und nur einen kleinen Ausschnitt von dir gesehen. Nun hast du das Rohr weggetan und siehst viel mehr. Mehrblick sozusagen.

Und es geht weiter……

Die Welt ist nämlich wie ein Haus. Wir haben bis jetzt in diesem Haus gelebt, ohne es bis in jede Ecke erkundet zu haben. Einige Zimmer sind noch unentdeckt. Durch einige Türen sind wir noch nicht gegangen. Aus einigen Fenstern haben wir noch nie rausgeschaut. Das Haus ist aber da mit allem Drum und Dran.

Es gibt helle, friedliche Turmzimmer oder düstere Verliesse, kleine Rumpelkämmerchen oder grosse Turnhallen. Eigentlich stehen sie dir alle zur Verfügung. Du brauchst nur zu wählen. Je nachdem, woran du Freude hast. Wenn du ein Abenteurer bist, wirst du vor dunklen Räumen nicht zurück schrecken, sie mutig betreten und dich auch für einen Kampf bereithalten. Aber vielleicht bist du jemand, der lieber friedlich träumend in der Sonne sitzt und eine Katze streichelt.

Alles ist möglich und wäre eigentlich auch erlaubt. Auch das Verückteste. Auch das, was wir als böse bezeichnen würden. In unserem riesigen, unendlichen Universum hat alles Platz, ist alles vorgesehen. Bloss, was wählst du? Wie soll das Haus sein, in welchem du mit Freude und Leichtigkeit leben möchtest?

Bisher hast du gelernt, dass es auf diesem Planeten bestimmte Regeln gibt, die die meisten Menschen befolgen. Weil diese Regeln das Zusammenleben erst ermöglichen und darüber hinaus angenehm machen.

Respekt und Rücksichtnahme beispielsweise. Auch Freundlichkeit und Freundschaft mag jeder. Oder kennst du jemanden, der nicht geliebt und gewürdigt werden möchte? Bist du nicht auch froh und dankbar, wenn andere dir und deinen Dingen Sorge tragen? Dann ist es nur logisch, dass du dich so verhältst, wie du es von anderen erwartest.

Dadurch bekräftigst du die Wichtigkeit und Richtigkeit dieser Regeln und hilfst mit, dass sie weiterhin bestehen können. Sie sind das Fundament deines Hauses. Stabil und sicher.

Aber wie dein Haus aussieht, das bestimmst du: Ob es rosa, grün, schwarz oder himmelblau angemalt ist, ein Türmchen, ein Gefängnis oder einen Pool hat - das kannst du dir ausdenken. Das wirklich Gute daran ist, dass du dich jeden Tag neu entscheiden kannst. Da du ein kluges Menschlein bist, wirst du dir sicherlich genau überlegen, was du heute und in Zukunft erleben möchtest. Verlasse die Räume, welche dir Unwohlsein und Stress bereiten und male dir Räume aus, die dich beglücken.

Du weisst ja, dass die Quanten auf deine Gedanken reagieren. Je öfter du dir einen bestimmten Raum ausmalst und vorstellst, desto grösser ist die Chance, dass du ihn genauso erleben wirst. Das Quanteln unterstützt dich. Du darfst dabei STUR sein. Also RICHTIG, RICHTIG STUR.

Auch wenn es zu Beginn nicht nach Erfolg aussieht und du ein paar Mal auf die Nase fällst oder wieder im übelsten Gefängnis landest.....mach weiter mit dem Ausmalen. Thron-Saal, Ponyhof, Paradies-Garten, Spielzimmer, Theaterbühne - Ganz egal. Denk dir aus, was dich freut und spüre in deinen Körper hinein. Wenn er sich wohlig und warm anfühlt, ist es richtig. Dann ist es gut, wenn du dir öfter am Tag vorstellst, wie du am schönsten Ort der Welt bist und was du dort Beglückendes tust.

Wenn du magst, zeichne ein Bild davon. Oder schneide Fotos aus Zeitschriften und klebe sie zum Wunschbild. Oder suche im Internet nach dem vollkommenen Bild deiner Träume. Und dann setze dich hin und quantele.

Wieder mal quanteln:

Setze dich an einen gemütlichen Ort. Schalte dein Handy aus. Lege beide Hände auf deine Knie und spüre, wie du es schon einige Male getan hast, zuerst in die eine, dann in die andere Hand hinein. Sage: „Mein Wunschraum existiert bereits und ist für mich bereit. Weil alles aus Energie und Information besteht, betrete ich jetzt diesen Raum und bringe ihn ins Leben. Danke". Nun spürst du in beide Hände hinein. Nur das. Sonst nichts. Und die Welle flutet durch deinen Körper und durchs Universum.

Mit dem Quanteln können wir Türen zu bisher unbekannten oder ersehnten Räumen finden und öffnen. Die sind zwar immer schon vorhanden gewesen. Bloss hat sie bisher keiner beachtet. Bis du kamst. Du bist Entdeckerin oder Entdecker. Du machst die Welt bunter. Du lernst, etwas mit anderen Augen zu sehen. Die Veränderung beginnt in dir.

Wie gut, dass es dich gibt. Ohne dich und deine Ideen, Wünsche und inneren Bilder wäre die Welt ärmer dran.

KAPITEL 11: NÄGEL MIT KÖPFEN

Das heisst, nun kommen wir zu den konkreten Themen in deinem Alltag. Manchmal empfindest du diese Themen vermutlich als unüberwindbare Hürden, als Plage und als Angstgespenster. Vielleicht kannst du nachts nicht gut einschlafen wegen deiner Sorgen. Oder du hast vor lauter Schrecken Schweissausbrüche. Möglicherweise wirst du auch rot und völlig verwirrt. Oder blass und total handlungsunfähig. Oder du hast einfach keine Freude, wenn du morgens erwachst und an den bevorstehenden Tag denkst.

Zu Problemen gibt es etwas absolut Erstaunliches zu erzählen Du wirst es kaum glauben können. Einige Menschen haben ihre Sorgen gerne. Wenn sie nämlich von ihren Kümmernissen erzählen, macht sie das für eine Weile interessant. Ausserdem haben die anderen Mitleid und kümmern sich nett um diesen armen Menschen. Das ist angenehm und verlockt dazu, sich seine Probleme zu erhalten. Zudem erwartet man von einem bekümmerten Menschen nicht, dass er oder sie sich jetzt grossartig für andere einsetzt. Ein Sorgenmensch kann sich also gemütlich zurücklehnen und sich „umsorgen" lassen.

Wie steht es wohl mit dir? Das kannst du jetzt deinen Körper fragen (bestimmt erinnerst du dich, dass wir das schon mal geübt haben. Fühle kurz in deinen Körper hinein und stelle fest, wie es ihm grade geht. Dann sagst du z.B. : „Ich will jetzt echt meinen Pickel loswerden" und beobachtest, was sich im Körper verändert. Was meint er dazu - Ja oder Nein? Wenn er unbegreiflicherweise Nein sagt, dann möchtest du deinen Pickel offenbar noch behalten.

Vielleicht

-weil du mit deiner Freundin ein neues Pickelmittel ausprobieren möchtest
-oder weil du dich ja sowieso nicht traust, diesen coolen Jungen, dieses süsse Mädchen zu küssen
-oder weil deine Freundin auch einen Pickel hat
-oder weil du der festen Überzeugung bist, mit oder ohne Pickel ein graues Mäuschen zu sein

Wenn dein Körper aber „Ja „ sagt und du deinen Pickel oder deine Sorgen wirklich loswerden willst,dann quanteln wir wieder und öffnen den pickelfreien Raum für dich.

Wieder mal quanteln:

Setze dich an einen gemütlichen Ort. Schalte dein Handy aus. Lege beide Hände auf deine Knie und spüre, wie du es schon einige Male getan hast, zuerst in die eine, dann in die andere Hand hinein. Sage: „Auch wenn ich mir nicht vorstellen kann, diesen Pickel loszuwerden, bleibt es eine Tatsache, dass alles aus Energie und Information und deswegen sehr

beweglich ist. Die Quanten öffnen jetzt eine neue Möglich-
keit (also einen neuen Raum ohne Pickel).Danke."
Nun spürst du in beide Hände hinein. Nur das. Sonst nichts.
Und die Welle flutet durch deinen Körper und durchs Uni-
versum.

Du kannst deinen Pickel nun vergessen und dich anderem
zuwenden. Renne nicht jede Viertelstunde zum Spiegel und
schau, ob er noch da ist. Denn das würden die Quanten so
verstehen, dass du diesen Pickel liebst, ihn schrecklich ver-
misst und ihn umgehend zurückerhalten möchtest.

Willst du aber nicht!!!
Höre also Musik, jogge auf den nächstgelegenen Hügel, te-
lefoniere mit deinem Freund, schlafe, erledige die Hausaufgaben oder tue sonst etwas, was dich entspannt und be-
haglich stimmt. Und wenn du dann deinen Pickel vergessen
hast – ist er (Oh Wunder) verschwunden. Oder zumindest
viel kleiner geworden.

KAPITEL 12: GEHEIMNIS DES EISBERGS

Es ist schon etwas sonderbar mit der Wirklichkeit. Wir meinen tatsächlich, dass das, was wir sehen, die ganze Wahrheit sei. Wir bilden uns auch ein, dass wir genau wissen, was wir wollen.

IRRTUM!

In den seltensten Fällen können wir das Ganze überschauen. Wir sehen nur einen Ausschnitt davon. (Das hast du ja schon erfahren, als wir dich neu entdeckt haben, beziehungsweise deine Talente). Dafür können wir nichts. Unser Gehirn macht das. Es sortiert geschwind in jedem Moment alles aus, was es als nicht hilfreich empfindet. Es will uns nämlich nicht mit unnützen Botschaften verwirren. Nett eigentlich. Das Gehirn als fleissiger Müllsortierer.

Ein Beispiel:

Sagen wir, du bist unterwegs zur Schule. Du schwatzt vergnügt mit deiner Freundin während ihr die Strasse entlang geht. Du bemerkst nicht einmal, dass am Trottoirrand im Gras ein Regenwurm ebenfalls unterwegs ist.

Für einen Vogel wäre dies eine interessante und überlebenswichtige Nachricht, weil ein Regenwurm Vogel-Futter ist. Für dich ist es total nebensächlich. Deine Augen flitzen rasch über das unscheinbare Tier zu deinen Füssen, senden die Nachricht, dass sich da etwas windet und krümmt an dein Gehirn und gut. Du gehst weiter und erinnerst dich nach 3 Minuten nicht mehr, dass da mal ein Wurm kroch. Vielleicht ist dir nicht einmal bewusst geworden, dass da etwas war. Dein Gehirn spart Platz. Statt mit Regenwurmbotschaften, beschäftigt es sich nachher in der Schule mit Französischverben. Wenn du diese beherrscht, gibt es gute Noten. Das hat dein Gehirn begriffen und handelt entsprechend. Und was geschieht jetzt mit der Regenwurm - Nachricht? Verschwindet die einfach?

Nein.

Die wird ins Unterbewusstsein bugsiert. (Es soll ja nichts verloren gehen.) Dort, im Unterbewusstsein, sind alle Nachrichten abgespeichert Egal ob es Worte sind, die du gehört hast, Gerüche, die deine Nase umschmeichelt haben, Töne, die deine Ohren entzückt haben, Berührungen, die deine Haut gefühlt hat, Geschmacksempfindungen, die deine Zunge registriert hat, Dinge, die deine Augen gesehen haben, Gefühle, die dein Herz bewegt haben oder und alles, was du je gedacht hast...

Restlos alles wird in dem riesigen Speicher deines Unterbewusstseins säuberlich abgelegt und aufgehoben. Kaum zu glauben, oder? Wenn dich aber jemand hypnotisieren und dich zu deiner Begegnung mit dem Regenwurm führen würde, dann kämen sämtliche Erinnerungen an diesen Augenblick sofort zum Vorschein. Das beweist, dass immer noch alles da ist. Auch das, was deiner Aufmerksamkeit seinerzeit scheinbar entgangen ist. Beim Eisberg ist es dasselbe wie mit dem Unterbewusstsein. Nicht dass der sich an Regenwürmer erinnert oder gerne hypnotisiert wird – nein – aber auch von ihm ist nur ein kleiner Teil über dem Wasser zu sehen. Der grössere Teil verbirgt sich unter der Wasseroberfläche.

Ist aber da. Und wie!!! Und bestimmt mit seinem Gewicht, wohin der Eisberg im Nordmeer treibt. Bloss 1/7 des Eiskolosses schaut oben putzmunter aus dem Wasser und findet sich ungeheuer wichtig und überzeugend. Unten dran aber hängen noch beeindruckende 6/7 und grummeln: „Lassen wir den Kleinen halt spielen. Die Reiseroute bestimmen sowieso wir".

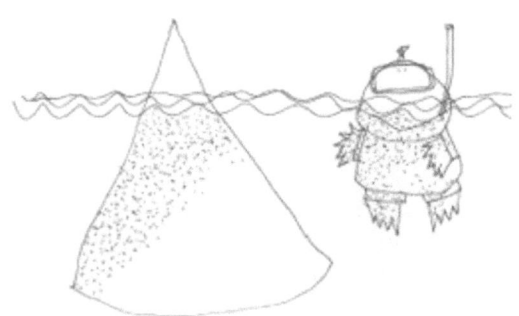

Weswegen ist diese Geschichte wichtig? Es ist gut und ÜBERAUS nützlich, mit den 6/7 befreundet zu sein. Nur schon zu wissen, dass sie da sind, hilft. Sie auf seiner Seite zu haben, ist schlicht genial.

Wenn nämlich deine putzmunterere Eisbergspitze frohgemut und scheinbar selbstbewusst verkündet „Ich bin die Beste, mich liebt jeder", aber die 6/7 der Ansicht sind, du seist ein hässliche Entlein, dann ist vorhersehbar, dass du dich doch nicht traust, jemanden anzusprechen und eine Freundschaft mit ihm oder ihr anzufangen. Nun gibt es (mindestens) drei Möglichkeiten, sich mit den 6/7 zu verbünden.

Nummer 1
Du fütterst dein Unterbewusstes mit stärkenden Aussagen und Gedanken über dich selbst. Lobst dich häufig, ermutigst dich und dankst dir für all die tollen Dinge, die du den ganzen Tag über vollbringst. Sodass die stärkenden Aussagen das Gemäkel und die Selbstkritik übertönen können.

Nummer 2
Du überlistest dein Unterbewusstes. Dazu musst du sehr raffiniert sein. Du nimmst die eventuell vorhandene Kritik oder Vorbehalte und kehrst diese um. Schlau, oder?
Das geht dann so:
„Obwohl ich denke, ich sei ein hässliches Entlein, bin ich ausgesprochen liebenswert und attraktiv und jeder will mit

mir befreundet sein."

Wenn du das 100 Mal behauptet hast, beginnt dein Unterbewusstes, das zu glauben und steuert dich fortan in Richtung SUPERBELIEBT. Also eine gewisse Portion Ausdauer brauchst du schon dabei. So, als würdest du einen jungen, ungestümen Hund erziehen wollen. Dem müsstest du auch mindestens 100 Mal dasselbe sagen, bis er es richtig gut kann. „Sitz. Sitz. Sitz. Sitz. Sitz, Sitz. Sitz. Sitz. Sitz. Sitz. Sitz. Sitz. Sitz. Sitz. Sitz. Sitz. Sitz. Sitz. Sitz. Sitz. Sitz. Sitz......"

Letztlich klappt's aber bestimmt. Der kleine Hund und dein Unterbewusstes haben die Botschaft verstanden.
Hurra!

Nummer 3
Es wird dich kaum überraschen, dass die dritte Möglichkeit mit Quanten zu tun hat. Das Buch heisst ja schliesslich auch Kidz & Quanten.

Lass uns also Quanteln:

Setze dich an einen gemütlichen Ort. Schalte dein Handy aus. Lege beide Hände auf deine Knie und spüre, wie du es schon einige Male getan hast, zuerst in die eine, dann in die andere Hand hinein. Sage: „Auch wenn ich mir nicht vorstellen kann, dass ein Junge/ein Mädchen sich in mich verliebt, bleibt es eine Tatsache, dass alles aus Energie und Information besteht und deswegen sehr beweglich ist. Die Quanten öffnen jetzt eine neue Möglichkeit (also einen neuen Raum) voller Liebe. Danke."

Oder:

„Ich bin so liebenswert und einzigartig, dass Menschen und Tiere gerne bei mir sind und mit mir befreundet sein möchten. Die Quanten öffnen mir jetzt den Weg zu meinen wundervollen 6/7, damit ich das erkennen kann. Weil alles Energie und Information ist, gelingt dies auch. Danke." Nun spürst du in beide Hände hinein. Nur das. Sonst nichts. Und die Welle flutet durch deinen Körper und durchs Universum.

Nummer 4 bis unendlich

Kannst du selbst erfinden. Denn wo steht geschrieben, dass die beste Lösung bereits gefunden worden ist? Du weisst ja jetzt, dass wir nur einen kleinen Teil der Wirklichkeit (des Eisbergs, des Hauses, unseres Selbstes) sehen können. Vieles liegt noch im Verborgenen. Trotzdem existiert es und hat Kraft. Es wartet nur darauf, gerufen zu werden. Vielleicht bist du der Entdecker oder die Erfinderin einer genialen Idee.

KAPITEL 13: KAMPF ODER WAS?

Es gibt Dinge, die kannst du (noch) nicht verändern, nicht verbessern, nicht aus der Welt schaffen. Auch wenn du es dir noch so sehr wünscht. Und dich unheimlich anstrengst. Dir die grösste Mühe gibst. Obwohl du in deinem Kopf alles unendlich lange hin und her wendest und dir viele Gedanken machst, bleibt das Störende hartnäckig bei dir und ärgert dich. Auch wenn du deinen Ärger, deine Wut oder deine Trauer zu bezwingen und mit guten Gefühlen zu überdecken versuchst, bleibt das Unbehagen. Manchmal hast du vielleicht sogar Angst.
Das ist wirklich schlimm.

Jeder Mensch will viel lieber glücklich und zufrieden sein, sich geborgen, wohl und sicher fühlen. Deswegen möchten wir alle das Unangenehme sofort weghaben. Auf der Stelle. Wir knallen dem Schmerz, der Trauer, der Wut sozusagen die Türe vor der Nase zu und sperren sie aus unserem Haus aus. Manchmal hilft das. Oft aber auch nicht. Logisch, wer lässt sich schon gerne aussperren?

Und Verbote mag sowieso niemand, oder? Du kannst das beim Einkaufen gut beobachten. Wenn ein kleines Kind vor der Kasse im Supermarkt unbedingt Süssigkeiten haben möchte, fragt es zuerst ganz nett danach. Verbietet es die (vernünftige und auf gesunde Ernährung bedachte) Mama, beginnt das Kind zu quengeln. Es wird dabei immer lauter und nachdrücklicher und zum Schluss wälzt es sich schreiend auf dem Boden und zieht die Aufmerksamkeit aller auf sich. Ganz schön peinlich.

Aber so ist es eben, wenn zwei unterschiedliche Bedürfnisse oder Absichten aufeinander prallen.
Ja, und wie jetzt weiter ???? fragst du zu Recht. Alles kann man nicht erlauben, schon klar. Im Fall der Süssigkeiten würden mit der Zeit bestimmt die Zähne oder die Figur Schaden davon tragen. Mit den Gefühlen und der Angst ist es ein bisschen anders. Die wollen einfach gehört und angesehen werden. Auch wenn es unangenehm ist. Schrecklich unangenehm. Dein ganz persönlicher Horrorfilm.
Ok. Du bekommst jetzt ein Gratis-Ticket für diesen Film.

Setz dich gemütlich hin, so entspannt wie es möglich ist, wenn man von grausligen Monstern umzingelt ist. Und dann lass das Erste zur Tür reinkommen, zum Beispiel die Trauer:

Du hattest üblen Zoff mit deinem besten Freund. Die Freundschaft scheint zerbrochen zu sein. Am Ende. Sniff. Du fühlst dich sooo alleine, missverstanden, betrogen, verraten, verlassen. Einfach himmeltraurig.
Ein Klasse-Szenario. So dramatisch und eindrücklich (und auch ein bisschen spannend, gib's zu). Und DU stehst im Mittelpunkt des Geschehens. Deine Trauer will jetzt ganz

nah bei dir sein und sich an dich kuscheln. Lass sie mal und fühle in deinen Körper hinein. Wo spürst du diese Trauer? Und wie? Bleibe einfach dabei und fühle, spüre, tue nichts sonst. Bleibe dabei. Und noch ein Weilchen. Nur fühlen, spüren und sein.

....

Wie lange dauert es, bis die Trauer zufrieden ist mit dem Kuscheln? Erstaunlicherweise nur einige Minuten. Dann lässt der Schmerz nach, die Trauer und dein Körper werden weicher, denn sie müssen ja nicht mehr gegeneinander kämpfen. Beide dürfen sein. Das ist recht angenehm. Und es funktioniert auch mit Wut.

Übungsbeispiel Wut:
Deine Eltern haben dir verboten, zu diesem absolut einmaligen Konzert nach Timbuktu zu reisen, weil sie fürchten, dir könne auf dieser Reise etwas Schlimmes zustossen. All deine Bitten, dich doch deine Lieblingsgruppe anhören zu lassen, fruchten nichts. Auch der Hinweis, deine Freunde dürften sehr wohl hinfahren, verhallen im Leeren. Ja Hallo, bist du etwa noch ein hilfloses Baby? Werden deine Wünsche tatsächlich nicht respektiert? Geht gaaar nicht. Du weisst aber, dass deine Eltern bei ihrer Entscheidung bleiben werden. Erziehungsauftrag! Klar flutet deine Wut unbändig durch deinen Körper.
Gehe in dein Zimmer oder in den Wald oder auf den Schrottplatz und tobe dich da aus. Kicke und boxe ins Leere,

stampfe, schreie, wüte und verschaffe dir Luft. Tanze mit deiner Wut einen wilden, ungebärdigen Tanz bis ihr beide müde werdet.

Angenehm müde, entspannt und – sonderbarerweise – ausgeglichen und zufrieden. Hast du die Kraft bemerkt, die Wut dir geben kann? Kraft, die du übers Kämpfen, Schimpfen und Toben hinaus nützen kannst.

Diese Kraft muss nicht zwingend etwas zerstören, nur weil die Wut sie dir gebracht hat. Du kannst sie gebrauchen im Sport, für Projekte oder wenn du zu müde zum Lernen bist. Sobald du dich an deine Wut erinnerst, powert sie durch deinen Körper und du wirst zur Dampflok. Nun entscheidest du, welche Strecke du fahren willst.

Mit Hilfe des Quantelns kannst du dich noch mehr an Trauer, Wut oder andere unangenehme Gefühle annähern. Dann werden diese, statt deine Feinde zu sein, deine Freunde. Denn eigentlich sind Gefühle, gleich welcher Art, einfach Energie. Und du bist wunderbar und richtig, auch wenn du Wut, Trauer oder Eifersucht verspürst und dich wie ein kleiner Teufel fühlst, anstatt ein Engel sein zu können.

Lass uns also mit Gefühlen quanteln:

Setze dich an einen gemütlichen Ort. Schalte dein Handy aus. Lege beide Hände auf deine Knie und spüre, wie du es schon einige Male getan hast, zuerst in die eine, dann in die andere Hand hinein. Sage: „Weil alles aus Energie und Information besteht, verstehe ich ab jetzt, dass auch unangenehme Gefühle pure Power sind und mir keine Angst mehr machen müssen. Wenn ich sie „ansehe", werden sie zu meinen Freunden und helfen mir. Danke."
Nun spürst du in beide Hände hinein. Nur das. Sonst nichts. Und die Welle flutet durch deinen Körper und durchs Universum.

Apropos Universum. Überlegst du dir manchmal, wie riesig

das Universum ist? Beispielsweise, wenn du nachts zum Himmel schaust und dir bewusst machst, dass jedes einzelne Pünktchen dort oben die Grösse der Erde hat. Und die ist ja auch nicht gerade klein. Schon hier auf diesem Planeten gibt es eine ungeheuer grosse Vielfalt von Lebensformen und Wissen und Fähigkeiten. Selbst wenn du bei einem Problem oder einer Herausforderung nicht weiter weisst — irgendwer da draussen hat eine Lösung. Du musst sie nur noch her-beamen. Voll easy.

Für die Quanten ist das eine einfache Geschichte: Setze dich an einen gemütlichen Ort. Schalte dein Handy aus. Lege beide Hände auf deine Knie und spüre, wie du es schon einige Male getan hast, zuerst in die eine, dann in die andere Hand hinein.
Sage:
„Auch wenn ich jetzt soooo traurig (wütend verzweifelt, hilflos…) bin, irgendwer da draussen hat das ebenfalls erlebt, überlebt und ist wieder glücklich geworden. Die Erfahrungen dieses Wesens kommen jetzt zu mir und helfen mir. Weil alles aus Energie und Information besteht, klappt das auch. Danke."
Nun spürst du in beide Hände hinein. Nur das. Sonst nichts. Und die Welle flutet durch deinen Körper und durchs Universum.

Du kannst kaum glauben, dass das funktioniert? Probiere es aus!

KAPITEL 14: SPORTLICHER EHRGEIZ

Zugegeben, das Leben braucht Mut. Es ist ein grosses Abenteuer. Jeden Tag. Selbst als kleines Kind warst du schon ein wunderbares Beispiel für ein mutiges Wesen. Du hast dich neugierig aufgemacht, eine Welt zu entdecken, die dir unbekannt war. Du bist als Entdeckerin und als Forscher dabei stets Risiken eingegangen. Du hast auch eine bewundernswerte Ausdauer gezeigt.

Du hast beispielsweise mindestens 100 Versuche unternommen, um Gehen zu lernen. Bist vielleicht 100 Mal hingefallen, hast dir sogar wehgetan und hast trotzdem weitergeübt. Warum? Keiner hat dir einen Preis versprochen, wenn du es schaffst zu gehen. Niemand hat dich dazu gezwungen, es zu tun. Aber offenbar glühte in dir der starke Wunsch, auf eigenen Füssen zu stehen. Und genau dieser Wunsch hat dich ans Ziel geführt. Dein inneres Feuer hat dich stark gemacht.

Als kleines Kind hast du auf jegliche Schutzmassnahme verzichtet. Du bist ganz und gar anwesend gewesen. Jede Zelle deines Körpers war eine Art Antenne, welche begierig sämtliche Informationen rund um dich aufgenommen hat. Einfach alles hat dich interessiert. Du hast es geschafft, das Abenteuer Leben leicht wie ein Spiel zu gestalten. Du bist eine Künstlerin oder ein Künstler gewesen und dies bis heute geblieben. Dafür verdienst du Bewunderung.

Hier und heute bekommst du von uns schon mal die Gold-medaille für Mut und wir stellen dich zuoberst aufs Sieger-treppchen.

Du bist dich selbst geblieben, obwohl du lernen musstest, dich an unzählige Regeln zu halten, die von anderen Men-schen aufgestellt worden sind. Deine vielen Antennen und dein Interesse an der Welt sind immer noch vorhanden, auch wenn die Schule von dir verlangt, dich ausschliesslich auf vorgegebene Themen zu konzentrieren. Manchmal empfindest du deswegen vielleicht Mangel, Ärger, Trauer und Frustration. Gleichzeitig ist es aber auch eine spannende Herausforderung und ein Abenteuer. Du weisst ja, dass es in jedem Film und in jeder Geschichte Helden und Heldinnen gibt, die schwierige Aufgaben zu erfüllen haben. Sie verstehen das als Aufforderung, etwas Neues dazuzulernen und Erfahrungen zu machen, an sich selbst neue Fähigkeiten zu entwickeln und Lebensmeisterinnen und -meister zu werden.

Sagen wir einmal, du müsstest für eine schwierige Mathe-Prüfung lernen. Dieses Vorhaben hast du dir nicht ausgesucht. Du findest es auch keineswegs berauschend. Dieses „Müssen" gefällt dir in keiner Weise. Es langweilt, stresst oder ängstigt dich und du fühlst dich sehr unbehaglich. In deinem Kopf kreist ein Gedanke: Ich kann das nicht! Ich will das nicht!!!!Jetzt ist die Frage: Was willst du dann?

Krame in deinem Herzen nach deiner Vorstellung von einem glücklichen Leben. Male es dir richtig schön aus mit allem Drum und Dran. Schreibe oder zeichne, klebe oder bastle, was du gerne erleben möchtest in deiner Zukunft. Wenn du dich richtig weich, warm und froh fühlst angesichts deiner Vorstellungen und Pläne, wenn du Mut und Zuversicht in dir spürst deswegen, dann wirst du auch die Hindernisse überwinden und ohne zu zögern über den „Feuerteppich Matheprobe" laufen.

Darum nochmals:

1. Was willst du?
2. Was bereitet dir Freude?
3. Was schenkt dir Geborgenheit undZufriedenheit?
4. Wie kannst du es erreichen?
5. Was benötigst du dafür?
6. Was musst du selbst dafür tun?
7. Wer kann dich dabei unterstützen?

Bist du bereit, deinem Herzen zu folgen und dafür auch über den Feuerteppich der Herausforderungen zu gehen?
Du wirst dein Ziel erreichen. Wie Sportler und Athletinnen wirst du deine Fähigkeiten trainieren, um deinen Weg kraftvoll gehen zu können. Dazu gehört das Erlernen von banalen und gleichzeitig grossartigen Dingen wie Lesen, Schreiben, Rechnen, Prüfungen-Bestehen, Scheitern und trotzdem Weitermachen, Verzweifeln und Jubilieren.

Wenn dein Ziel also darin besteht, Modedesigner, Professorin, Lok-Führer oder Schauspielerin zu werden, dann ist die Schule (und damit unter anderem die Mathematik) der Feuerteppich, den du zu überqueren hast. Feuerläufer konzentrieren sich IMMER auf ihr Ziel!!!! Soooo stark, dass die Glut ihren Füssen nichts anhaben kann. Dies ist wiederum ein Wunder, welches wir uns mit dem normalen Verstand nicht erklären können. Aber es funktioniert.

Das Denken an das Ziel und das damit verbundene Wohlgefühl ist der Schutzengel, der dich sicher durch alle Gefahren trägt. Deswegen hänge dein Lebens-Bild neben deinem Bett auf, damit du es morgens als Erstes und abends als Letztes sehen kannst. Wenn du mit Freude fühlen kannst, wie herrlich es ist, wunderschönen Schmuck herzustellen, Studenten zu unterrichten, eine mächtige Lok zu fahren oder im Scheinwerferlicht zu stehen, dann schaffst du es auch, Mathe zu lernen. Denn du weisst, dass du dir dadurch das nötige Werkzeug für deinen weiteren Weg erarbeitest. Lerne zusammen mit deinen Klassenkameraden oder mit dir wohlgesinnten, kompetenten Erwachsenen. Finde heraus, auf welche Weise du am besten lernen kannst:

- Mit oder ohne Musik
- Während du dich bewegst
- Indem du den Stoff auf den iPod aufnimmst und später abhörst
- In kleinen Häppchen mit Pause dazwischen
- Indem du das Wesentliche auf Kärtchen schreibst
- Indem du ein Plakat mit den wichtigsten Inhalten zeichnest und gestaltest
- Indem du dir alles vorsingst
- Indem du in der Badewanne oder unter der Dusche alles wiederholst
- Indem du das Buch umgekehrt liest

Du erinnerst dich ja an dein Unterbewusstsein, deinen Eisberg: diese 6/7 sind immer mit dabei, wenn du lernst. Sie sehen alles und speichern es zuverlässig ab, wie du nun weisst. Der Knackpunkt ist bloss, wie holst du dieses Wissen wieder ab? Wie findest du es in diesem riesigen Pool von Daten?

Die Antwort: Indem du quantelst. Logo. Die Quanten und du – ihr seid ein Superteam. Zuerst lernst du gründlich den erforderlichen Stoff, dann verankerst du das Gelernte folgendermassen:

Quanteln als Prüfungsvorbereitung:

Setze dich an einen gemütlichen Ort. Schalte dein Handy aus. Lege beide Hände auf deine Knie und spüre, wie du es schon einige Male getan hast, zuerst in die eine, dann in die andere Hand hinein. Sage:

„Jetzt verankere ich das Gelernte, damit ich es immer, wenn es erforderlich ist, zuverlässig abrufen kann. Weil alles aus Energie und Information besteht, funktioniert das auch. Danke."

Nun spürst du in beide Hände hinein. Nur das. Sonst nichts. Und die Welle flutet durch deinen Körper und durchs Universum.

Vor der jeweiligen Prüfung setzt du dich wiederum kurz hin und quantelst. Dieses Mal sagst du:

„Ich rufe jetzt das Gelernte ab und wende es in aller Ruhe an. Weil alles aus Energie und Information besteht, klappt das auch. Danke." Nun spürst du in beide Hände hinein. Nur das. Sonst nichts. Und die Welle flutet durch deinen Körper

und durchs Universum.
Uff. Geschafft!!!

Wie du dich mit Super-Experten des jeweiligen Fachgebietes verbinden kannst, zeigen wir dir im nächsten Kapitel.

KAPITEL 15: EINSTEIN EINLADEN

Für dieses Kapitel ist es richtig-richtig gut, dass du dich auskennst mit Computern und virtuellen Welten. Dass du so viel weisst über Hardware, Software, Runterladen, Aktualisieren, Überschreiben und Speichern. Diese Begriffe werden uns helfen, dir einige sehr faszinierende Möglichkeiten im Zusammenhang mit den Quanten zu erklären. Dinge, die jemand ohne Computerkenntnisse schlicht als Hirngespinst betiteln und radikal ablehnen würde. Wir Menschen funktionieren nämlich teilweise ähnlich wie Computer (irgendwie logisch: sonst hätten wir dieselben ja nicht erfinden können). Wie die Computer laden wir nämlich auch Programme runter und integrieren diese. Das ist oft von Vorteil, manchmal aber auch zum Nachteil. Also, es bewusst zu tun, ist bestimmt sinnvoll. Bist du interessiert an einigen Beispielen?

Wenn Menschen sich einig sind in ihrer Begeisterung für etwas oder jemanden, dann haben sie quasi dasselbe Programm „geladen" und bewegen sich für eine gewisse Zeitspanne in derselben Frequenz.
Sie jubeln z.B. ihrem Fussball-Club wie aus einem Mund zu, schreien in der nämlichen Sekunde auf ob einer verpassten Goal-Chance und sind sich einig in ihrer Wut über den ungerechten Schiedsrichter. (Wut ist ein explosives, kraftvolles und mitreissendes Programm, welches sich rasch ver-

breiten kann und in der Vergangenheit schon Revolutionen, Meutereien und Aufstände verursacht hat). Während des besagten Spiels ist die Aufmerksamkeit des Publikums ausschliesslich auf die Fussballspieler gerichtet und alles andere wird unwichtig.

Natürlich sind auch nach dem Match noch alle Zuschauer Fan ihres Clubs, aber die Datei „Fussball" rückt etwas in den Hintergrund und wird wieder zu einer von vielen Informationseinheiten. Sonst würde ja niemand mehr zur Arbeit oder zur Schule gehen.

Aber nicht nur mit Begeisterung, auch mit Angst können wir uns aufladen. Wenn beispielsweise Radio und Fernsehen uns 24 Stunden pro Tag vor der Gefährlichkeit von Vogelgrippe und Schweineseuche warnen und uns allerlei schlimme Symptome detailgetreu schildern, dann wird unser Bewusstsein mit der Datei „Angst vor Krankheit" geladen und die gefürchtete Ansteckung ist in unserer Vorstellung bereits schon fast passiert.

Apropos Ansteckung: Hat dich schon einmal ein Mensch mit seiner Freude an einem bestimmten Thema angesteckt? Etwas, wofür du dich zuvor nicht die Bohne interessiert hast und das dich nun plötzlich und nachhaltig fasziniert? Karate, Hip Hop, Solar-Energie oder Haifische....egal. Dein Freund, deine Freundin oder sonstwer hat dir mit leuchtenden Augen von seiner Leidenschaft, deren Facettenreichtum, Tiefe und Wichtigkeit erzählt, dass der Funken auf dich übergesprungen ist und du nun auch unbedingt Haiforscher werden willst, um die wunderschönen und kraftvollen Tiere zu schützen und zu retten. Ohne jegliche Mühe bist du begeisterter Haifreund geworden. Es ist einfach so passiert. Du hast eine neue Information „geladen".

Exakt diese positive Ansteckung kann dir von Nutzen sein. Für die Schule, für den Alltag, für das Leben. Du brauchst nicht geduldig darauf zu warten, dass einer vorbeikommt und dich mit einem tollen und passenden Programm ansteckt oder die Ansteckung dir durch den blauen Himmel einfach so zufliegt – du kannst sie aktiv herstellen.

„Wie? Was? Anstecken? Nein danke!" Schreist du jetzt. Halt. Stop. Keine Panik.
Es handelt sich nicht um Schnupfen oder Schweinegrippe, nicht um Frostbeulen oder das Zipperlein. NEINEINEIN. Es handelt sich hierbei um nützliche Ansteckungen.

Zum Beispiel möchtest du dein Zimmer neu streichen. Hast auch schon Abdeckplane, Klebestreifen, Pinsel, Roller und Farbe gekauft und willst beginnen. Aber wie? Natürlich kannst du jederzeit Arbeitsanleitungen im Internet oder im Baumarkt finden. Aber Gewandtheit und innere Sicherheit im Umgang mit Farbe gibt es dort nicht zu kaufen.

Frage: Wer könnte dir diese vermitteln?
Antwort: Ein leidenschaftlicher und erfahrener Malermeis-

ter natürlich.

Frage: Und woher nimmst du diesen so rasch?

Antwort: Aus dem riesigen Informations-Pool des Universums.

Du erinnerst dich bestimmt, dass wir das Universum mit einem unendlich grossen Haus mit unendlich vielen Räumen verglichen haben und dass ALLE Informationen jederzeit vorhanden sind, oder? Nun brauchst du bloss noch eine Leitung zu dieser Information zu legen und schon strömt diese dir zu. Ganz einfach. Dann los.

Wir quanteln wieder:

Setze dich an einen gemütlichen Ort. Schalte dein Hand aus. Lege beide Hände auf deine Knie und spüre, wie du es schon einige Male getan hast, zuerst in die eine, dann in die andere Hand hinein. Sage: „Jetzt verbinde ich mich mit einem Malermeister und dessen Sicherheit im Umgang mit Pinsel , Roller und Farbe. Weil alles aus Energie und Information besteht, funktioniert das auch. Danke."

Nun spürst du in beide Hände hinein. Nur das. Sonst nichts. Und die Welle flutet durch deinen Körper und durchs Universum.

Kannst du jetzt ein anderes Gefühl in Bezug auf die bereitgelegten Mal-Utensilien wahrnehmen? Bist du zuversichtlicher, dass du es schaffen wirst, dein Zimmer profimässig neu zu streichen? Genial. Rufe dir während des Arbeitens deine Verbindung zum Malermeister immer wieder ins Gedächtnis. Sie wird dich unterstützen.

Denselben Vorgang kannst du auch mit Gitarre spielen, Velo fahren, Mathe oder Physik praktizieren. Du verbindest dich einfach mit jemandem, der das Thema beherrscht, ja darüber hinaus sogar noch Freude daran hat, und lädst dessen Kompetenz in dein System hinüber.

1. Schritt: Thema festlegen
2. Schritt: geeignete Person definieren
3. Schritt: virtuelle Leitung legen
4. Schritt: Quanteln
5. Schritt: Neues Programm installieren
6. Schritt: Neues Programm aktivieren
7. Schritt: Loslegen

Alles, was wir bisher zusammen geübt haben, kann jetzt seine Nützlichkeit beweisen: Dein neues SELBST-Bewusstsein, deine verfeinerte Körper-Wahrnehmung, dein Gedanken-Loslassen-Können, dein dich-mit-dem-Universum-Verbinden-Können – sie alle helfen dir jetzt, ein Reisender durch Raum und Zeit und eine Informations-Sammlerin zu sein.

Möchtest du nun einmal Einstein, den berühmten Physiker, zu dir einladen und spüren, wie er sich gefühlt hat? Es ist dabei egal, dass er bereits gestorben ist – nichts geht verloren. Alles und alle sind immer gegenwärtig. (damit kannst du dich auch trösten, wenn dein Hund oder deine Katze – im allerschlimmsten Fall sogar ein geliebter Mensch gestorben ist). Selbst wenn man etwas nicht mehr sehen und berühren kann, befindet es sich noch irgendwo in diesem Universum.

Auf zu Einstein.
Wir quanteln wieder.

Setze dich an einen gemütlichen Ort. Schalte dein Handy aus. Lege beide Hände auf deine Knie und spüre, wie du es schon einige Male getan hast, zuerst in die eine, dann in die andere Hand hinein. Sage: „Jetzt verbinde ich mich mit Einstein, dem berühmten Physiker, und seinem Interesse und Verständnis für die Physik. Weil alles aus Energie und Information besteht, funktioniert das auch. Danke."
Nun spürst du in beide Hände hinein. Nur das. Sonst nichts.
Und die Welle flutet durch deinen Körper und durchs Universum.

Siehst du die Welt plötzlich mit anderen Augen? Hat sich der Raum zwischen den Dingen verändert? Bemerkst du, dass du die Dinge selbst anders wahrnimmst als vorher?

Dann schaust du jetzt im Moment durch Einssteins Augen. Nütze dies und erledige rasch deine Physik-Aufgaben, was dir in Einsteins Begleitung sicher leichter fällt. Wenn du die Aufgaben gelöst hast, klatsche in die Hände und löse dadurch auch die Verbindung zu Einstein auf. Je öfter du dieses Verbindung-Schaffen übst, desto leichter wird es dir gelingen.

Fortan kannst du kühn und fröhlich behaupten: „Einstein – den kenn' ich. Der lernt mit mir!" Von nun an kannst du dich mit jedem gewünschten Experten verbinden und dadurch Sicherheit und Wissen bekommen. Du kannst dich auch mit jeder wünschenswerten Situation verbinden und diese dadurch wahrscheinlicher werden lassen. Du kannst dich ebenfalls mit der grosse Ruhe und Weite des Universums verbinden und Entspannung und Frieden finden.

Aber das Beste ist, du kannst dich mit dir selbst verbinden und ganz in dir zuhause sein.

KAPITEL 16: DIE KRAFT IST IN DIR

Nun, da du so klug wie Einstein bist und schon so viel erfahren hast über das Wesen der Gefühle und gelernt hast, wie du damit umgehen kannst, soll dir ein weiteres Geheimnis anvertraut werden:

Deine Gefühle machen Muster. Nicht nur in dir, auch ausserhalb. So kann es zum Beispiel vorkommen, dass dein Zimmer aussieht, als ob es von einem Tornado verwüstet worden wäre. Oder dass du ständig auf der Suche bist, nach deinem Handy, deinem Hausschlüssel oder einem wichtigen Buch, das du für die Schule brauchst.
Das Interessante an diesen vervenaufreibenden Suchaktionen ist nun nicht bloss die Suche selbst, sondern auch der Zeitpunkt, wann sie gehäuft auftreten.

Wann zeigt sich alles als Chaos? Wann herrscht ein grosses Durcheinander? Wann geht es drunter und drüber und stiftet Unruhe?

Ich habe beobachtet, dass das immer dann vorkommt, wenn ich mich in mir drin chaotisch, durcheinander, unruhig und verwirrt fühle. Das geht vielen Menschen so. Aber bloss wenige wissen, was sie dann tun können. Dir wird dieses wichtige Geheimnis umgehend verraten. Und zwar in Form einer **Geschichte**:

Vor einiger Zeit herrschte in einem kleinen Dorf in Asien grosse Sorge. Es hatte eine lange Dürreperiode gegeben, die Bäche waren mittlerweile fast ganz ausgetrocknet, Gemüse, Reis und Obstbäume drohten zu vertrocknen und die Menschen, die auf diese Nahrung angewiesen waren, fürchteten zu verhungern.

In ihrer Not wandten sie sich an eine weise, alte Frau, die einsam in den Bergen lebte und dafür bekannt war, dass sie Regen machen konnte. Einige Dorfbewohner pilgerten also auf steilen Pfaden stundenlang zur abgelegenen Hütte der weisen Frau und baten diese um Hilfe. Sie schnürte sogleich ihr Bündel und ihre Schuhe und begleitete den kleinen Trupp zurück ins Dorf. Dort wurde sie bereits sehnsüchtig erwartet. „Bitte hilf uns" flehten die Dorfbewohner, „wir geben dir alles, was du willst." Die Weise aber setzte sich still mitten auf den Dorfplatz und erbat nichts für sich ausser einer täglichen Schale Reis. Da sass sie nun und tat nichts. Gar nichts. Sie sass einfach ruhig da und die Sonne brannte weiter heiß vom Himmel herab.

Die Dorfbewohner wurden ungeduldig, als die Tage verstrichen und sich nichts zum Besseren veränderte. Sie runzelten die Stirne und dachten, die alte Frau habe die Kunst des Regen-Machens verlernt. Doch am vierten Tag zogen Wolken auf und verhüllten die Sonne. Ein Wind blies und plötzlich — tropf, tropf — begann Regen auf Dorf zu fallen, zu prasseln sogar. Die Menschen liefen aus ihren Häusern, streckten ihre Arme dem Himmel zu und jubelten freudig und dankbar. Alle tanzten im Regen und waren glücklich. Niemand bemerkte, dass die weise Frau leise davon ging. Nur ein kleines Mädchen lief ihr hinterher und fragte: „Wie hast du das gemacht, weise Frau?"

Sie kauerte sich zu der Kleinen und antwortete: „Ich habe gesehen, dass es viel Unruhe, Missverständnisse, Streit, Neid, Trauer und Ärger gegeben hat unter den Dorfbewohnern. Da habe ich in mich hinein gelauscht und die Unruhe, die Missverständnisse, den Streit, den Neid, die Trauer und den Ärger auch in mir selbst vorgefunden. Ich habe sie angeschaut und umarmt, bis ich Frieden in mir gespürt habe. Denn danach konnte sich der Friede auch im Dorf und in der Natur ausbreiten. Es wurde Ordnung und konnte wieder regnen."

Wenn dich also Verwirrung, Chaos, Unruhe oder Streit umzingeln, hocke dich in eine Ecke und nimm die Biester in den Arm, bis sie sich beruhigen. Du kannst sie und dich auch bequanteln, klar. Danach wirst du mit Schwung ans Ordnen und Finden gehen und dein Leben fliesst klar und geschmeidig dahin wie ein wunderschöner Fluss.

Apropos Wasser: Möglicherweise bist du manchmal am Verdursten. Bildlich gesprochen. Bestimmt bekommst du genug zu trinken. Aber vielleicht dürstet es dich nach Freundschaft, Anerkennung und Liebe, nicht loss nach Wasser, Cola oder Fruchtsaft.

Von diesem Durst gibt es unterschiedliche Abstufungen. Angefangen bei einigen Momenten, während denen du dich unverstanden fühlst, über Zeiten des Streites mit Eltern oder FreundInnen, bis hin zum ganz grossen Elend, wenn du oder jemand, den du kennst, von der ganzen Klasse gemobbt und abgelehnt wird. Aus der Sicht der Mobbing-Opfer ist ganz klar, dass die Anderen es böse mit ihm meinen und sich schändlich verhalten. Ebenso logisch ist die Schlussfolgerung, die für gewöhnlich gezogen wird: Die Anderen müssen sch ändern, bessern, anständig und fair werden.

KLAR! Das müssen sie. Niemand darf anderen Wesen wissentlich und absichtlich Schaden zufügen Die Starken müssen die Schwächeren schützen. Deswegen sollst du auch, wenn du ein Mobbig-Problem hast oder beobachtest, mit deinen Eltern, deiner Lehrperson und dem Schulpsychologen darüber sprechen und Hilfe anfordern.

Leide nicht still vor dich hin, bis du schwach und krank wirst, nicht mehr schlafen, essen und fröhlich leben magst. Du darfst, du MUSST sogar Rat und Unterstützung suchen, denn dich gibt es nur ein einziges Mal auf dieser Welt und du bist kostbar. Du sollst dich deines Lebens freuen können, dich geliebt und geborgen fühlen. Du sollst dein Gaben und Talente ausüben dürfen und glücklich sein. Das steht allen Wesen zu.
Nimm deswegen dein Unbehagen, deine Not und deine

Probleme wahr und bitte Menschen um Hilfe, denen du vertraust.

Gleichzeitig kannst du auch selbst aktiv werden. Du wunderst dich nun vielleicht, wie dies möglich sein soll. Die Antwort findest du in der Geschichte vom Regen-Machen und in den „Mustern". Diese Muster sind in dir und wir wollen sie jetzt ausfindig machen, um dein Muster-Feld zu klären, damit es eine positive Botschaft aussendet und du freundliche Antworten zurück bekommst.

Setze dich also ruhig hin und schliesse die Augen. Frage dich, in welchen Mustern du dir selbst begegnest. Ist vielleicht ein Selbst-Mobbing-Muster dabei?
Mobbing ist Unfreundlichkeit, Ablehnung, Ausgrenzung und übertriebene Kritik.

Nun ist es interessant herauszufinden, ob du dich selbst mobbst. Wennn du nämlich oft denkst: „Ich finde mich schrecklich (langweilig, uncool, aufdringlich, mühsam, dumm, nicht gut genug...)" oder wenn du oft innerlich zu dir sagst:" Jetzt habe ich mich schon wieder dämlich angestellt, Ich bin ein Versager. Ich bin eine Zicke. Ich sollte mir mehr Mühe geben. Das schaffe ich sowieso nie."

Oder wenn du dich im Spiegel kritisch, missbilligend, vorwurfsvoll, ablehnend ansiehst, dann mobbst du dich selbst. Deine Aufgabe ist in diesem Fall, dass du dieses Muster veränderst. Am Besten beginnst du nochmals, dieses Buch von vorne zu lesen und darauf zu achten, dass dein Eisberg, also dein Unterbewusstes, neu programmiert wird. Die Quanten helfen dir gerne dabei.

KAPITEL 17: SCHMERZ LASS NACH

Bis jetzt haben wir miteinander das Befinden deiner Gefühle und Gedanken untersucht und zusammmen herausgefunden, dass du jederzeit die Möglichkeit hast, dir selbst Gutes zu tun.

Nun hast du aber auch noch einen Körper. Der ist jung, geschmeidig und voller Energie – so richtig zum Geniessen. Du kannst dir Übermut erlauben: freihändig radeln, auf Bäume klettern, über den Schnee sausen, auf Mäuerchen balancieren, ringen, springen, trainieren und bis an deine Grenzen gehen. Wie eine junge Katze landest du wohl stets unbeschadet auf deinen Füssen.

Falls du während eines Fussball-Spiels gefoult worden bist, dir nach einem kühnen Weitsprung den Fuss vertreten hast oder nach einem langen Tennis-Training dein Arm schmerzt, bist du vielleicht froh zu erfahren, wie du in diesem Fall die Quanten einsetzen kannst. Du weisst ja bereits, dass dein Körper hauptsächlich aus Energie und Information gemacht ist, wie alles andere, das du sehen und berühren kannst. Das ist ausgesprochen praktisch, denn dieser Zustand ist flexibel und formbar. Ganz besonders, wenn wir die Quanten bewusst einladen mitzuwirken.

Ganz ganz besonders, wenn du es für möglich hältst, dass

eine Situation oder eben dein schmerzendes Körperteil sich innerhalb kurzer Zeit verändern können.

Erinnerst du dich an das Haus mit den vielen Räumen? Es sollte dir zeigen, dass immer alle Möglichkeiten gleichzeitig vorhanden sind: Gefängnis und Thronsaal, Krankenzimmer und Gymnastikraum, Küche und Schwimmbad. Mit deinem Körper ist es dasselbe. Mit Hilfe der Quanten kannst du den Raum des Schmerzes verlassen und die Türe zum Wohlbefinden öffnen. Dein Denken und Fühlen bewegen sich dann mitsamt den Quanten in einen angenehmeren Zustand hinein.

Magst du das ausprobieren?

Lass uns quanteln:

Setze dich an einen gemütlichen Ort. Schalte dein Handy aus. Lege beide Hände auf deine Knie und spüre, wie du es schon einige Male getan hast, zuerst in die eine, dann in die andere Hand hinein. Sage:
„Jetzt erinnert sich mein Körper an den Zustand des Wohlbefindens. Er bringt sich selbst in Ordnung und heilt. Bauchweh, Kopfweh, verstauchter Knöchel, Bänderzerrung oder was immer mir Schmerzen bereitet hat – Adé. Weil alles aus Energie und Information besteht, funktioniert das auch. Danke."
Nun spürst du in beide Hände hinein. Nur das. Sonst nichts.

Die Welle flutet durch deinen Körper und durchs Universum und bringt dich in den Raum, der dich heilt.

Wenn du gerne forscht, kannst du vor und nach der Quantenbehandlung das Lineal aus Kapitel 6 gebrauchen, um nachzumessen, was sich verändert hat.

1....2....3....4....5....6....7....8..*.9....10

1...*2....3....4....5....6....7....8....9....10

Oft verschwindet der Schmerz sofort. Manchmal braucht das Heil-Werden etwas mehr Zeit. Du kannst aber ganz sicher sein, dass du eine unterstützende Entwicklung in Gang gesetzt hast.

Falls einer deiner Freunde oder Freundinnen sich nicht wohl fühlen, kannst du ihnen auch helfen, wenn sie damit einverstanden sind.

Deine Hände legst du in diesem Fall nicht auf deine eigenen Oberschenkel, sondern auf den Körper deines Freundes, beispielsweise auf dessen Arm und Schulter, einfach dorthin, wo es für ihn angenehm ist. Du musst die beiden Punkte gut erreichen können, ohne dass du dich dabei verkrampfst.

Freunde bequanteln:

Sobald dein Freund oder deine Freundin dir erlaubt hat, sie zu bequanteln, legst du deine Hände locker auf die zwei Punkte und spürst, wie du es schon so oft getan hast, in diese hinein. Sind sie warm, angespannt, pulsierend oder kribbelig? Wenn du beide Hände und deren Empfindungen gleichzeitig spüren kannst, sage:
„Jetzt erinnert sich dein Körper an den Zustand des Wohlbefindens. Er bringt sich selbst in Ordnung und heilt. Was immer dich schmerzt oder plagt, adé. Weil alles aus Energie und Information besteht, funktioniert das auch. Danke."

Nun spürst du in beide Hände hinein. Nur das. Sonst nichts.

Die Welle flutet durch dich und durch den Körper deines Freundes/deiner Freundin und durchs Universum und bringt euch in den Raum, der heilt. Deine Behandlung wird deiner Freundin/deinem Freund gut tun, weil sie merken, dass du sie gerne hast und sie unterstützen möchtest.

Dasselbe gilt für Haustiere. Wenn diese sich kränklich, ängstlich, traurig, aufgeregt oder unwohl fühlen, kannst du sie berühren und ihnen mit einer Welle Wohlbefinden zukommen lassen.

Wenn jemand, dem du zur Seite stehen möchtest, zu weit weg ist, als dass du ihn direkt berühren könntest oder vielleicht gar keine Berührungen haben möchte, schenkst du ihm oder ihr auf andere Weise eine Welle. Und das geht so:

Eine Welle senden:

Du setzt dich an einen gemütlichen Ort. Schaltest dein Handy aus und hältst deine Hände vor dich hin, als würdest du einen unsichtbaren Ball umfassen. Mitten in diesem unsichtbaren Ball stellst du dir die Person oder das Tier vor, welchem du etwas Gutes zukommen lassen möchtest. Nun spürst du zuerst in die eine, dann in die andere Hand hinein. Wenn du beide Hände gleichzeitig spüren kannst, sagst du: „Weil wir alle im selben Universum leben, sind wir automatisch miteinander verbunden. Deswegen ist es völlig klar, dass ich ....(nenne den Namen der Person oder des Tieres) nun eine Welle senden kann, damit die Person oder das Tier sich an Wohlbefinden erinnern und wieder in Ordnung kommen kann. Weil alles aus Energie und Information besteht, funktioniert das auch. Danke."

Nun konzentrierst du dich auf deine Hände und den Raum dazwischen. Nur das. Sonst nichts. Die Welle flutet durch deinen Körper und durchs Universum und bringt dich und die Person oder das Tier in den Raum, der heilt.

Bitte denke daran:
Dass du nun so hilfreiche Wellen senden kannst, soll jedoch weder dich, noch andere Menschen oder Tiere davon abhalten, einen Arzt aufzusuchen, wenn dies nötig erscheint.

KAPITEL 18: FEHLER SIND QUELLEN

Fehler sind Quellen des zukünftigen Wissens. Sie zeigen uns nämlich, wie etwas nicht oder noch nicht so gut funktioniert. Erfinder und Tüftlerinnen können ein Lied davon singen. Und du bestimmt auch.

Erinnere dich daran, wie du das Gehen, Schnürsenkel Binden, Fahrrad Fahren, auf Bäume Klettern, Fussball Spielen, Lesen, Rechnen und Schreiben gelernt hast. Zuerst war es furchtbar mühsam und anstrengend und machte nicht den Anschein, als ob du das je schaffen würdest. Doch du hast es wieder und wieder probiert, verschiedenste Varianten versucht und dich nicht entmutigen lassen. Toll. Jetzt kannst du all diese Dinge ohne viel Aufwand einfach so tun. Deine vielen, vielen Fehlversuche haben dich letztlich zum Ziel geführt. Du kannst stolz und zufrieden mit dir sein.

Wenn du PC-Spiele spielst, arbeitest du dich auch von Level zu Level hoch, wirst zusehends geschickter und schneller, verstehst die Zusammenhänge und Strategien besser und kannst immer grössere Erfolge feiern.

Wir Menschen verfügen über ein unglaublich riesiges Potenzial. Wir könnn uns im Denken, Fühlen, und Handeln immer weiter entwickeln. Dabei lassen wir keinen Bereich aus: Ob es um Technik, Beziehungen, Natur, Medizin, Sport,

Politik, Wirtschaft, Kunst oder das Universum geht – überall wollen wir noch mehr verstehen. So richtig gut für alle wird es dann, wenn wir das Wohl aller berücksichtigen.

Jeden Tag lernen wir etwas Neues dazu. Und jeden Tag machen wir auch Fehler, weil wir etwas noch nicht ganz begreifen, es nicht richtig einordnen oder die Entwicklung, die daraus entsteht, nicht abschätzen können. Das ist das Risiko von aktiven Menschen.

Um Fehler total zu vermeiden, müsstest du im Bett bleiben und dürftest gar nichts tun. Das wäre auf die Dauer aber wahnsinnig langweilig. Ausserdem bist du ja hier auf der Erde, um Erfahrungen zu sammeln, dich und deine Fähigkeiten zu entdecken und um Spass zu haben.

Und du willst alles möglichst gut machen. Das will jedes Wesen von Natur aus. Gelingt nicht immer, logisch.
Also, wenn dir Fehler angekreidet werden, mache dich nicht innerlich klein, sondern denke:

- Ganz, ganz oft schaffe ich etwas auf Anhieb super.
- Nur aktive Menschen machen Fehler.
- Nur Menschen, die Neues wagen, machen Fehler.
- Fehler zeigen, was noch nicht funktioniert und machen den Weg frei zu dem, was funktioniert.

Lies Geschichten über Forscher, Entdecker, Erfinder, Sportlerinnen, Geschäftsleute, Entdeckerinnen, Pioniere, Wissenschaftlerinnen und Künstler und staune, wie viel Ausdauer und Beharrlichkeit Menschen in das Lernen aus Fehlern investiert haben. „Trial and Error" heisst diese Methode auf Englisch und das bedeutet „Versuch und Irrtum". Du bist also nicht alleine, wenn du Dinge versuchst, damit scheiterst und es nochmals versuchst bis es klappt. Denke NIEMALS, dass du, wenn du einen Fehler gemacht hast, letztlich selbst der Fehler seist. Du bist und bleibst ok. Mehr als das: Du bist mutig und wundervoll. Bravo.

Gib nicht auf. Wenn eine Türe vor dir zugeht, halte Ausschau nach einer andere Türe, die sich für dich öffnet. Bleibe verspielt und neugierig wie deine Freunde, die Quanten. Du weisst nun, auf welche Weise sie dich unterstützen und dass du dich dank ihrer Hilfe mit allem verbinden kannst, das dich interessiert oder stärkt. Du weisst auch, wie wichtig du bist. Indem du uns allen deine Ideen, Gefühle und Taten und dadurch dich selbst schenkst, machst du die Welt zu einem kunterbunten, WUNDERvollen Ort. Einem Ort, wie du ihn in deinem Vorwort beschrieben oder gezeichnet hast.

Nun wünsche ich dir von Herzen, dass dein Leben ein vergnüglicher, fantasievoller, freundlicher, leuchtender Weg für dich ist und dir tausend Möglichkeiten bietet, dir und anderen Freude zu bereiten. Geniesse dein WUNDERvolles Sein.

Danke, dass du dieses Buch gelesen hast.

INFORMATION FÜR ELTERN UND LEHRPERSONEN

Kidz & Quanten ist ein unkonventionelles und ermutigendes Buch. Darüber hinaus auch eines, das Kinder und Jugendliche als vollwertige Wesen betrachtet und ihnen nichts Geringeres als das bewusste Mitgestalten ihrer Realität zutraut. Es begleitet sie auf der Suche nach ihrer Persönlichkeit und ihren Kraftwurzeln und stärkt sie dadurch für den Alltag.

Ebenso mutet es ihnen die Auseinandersetzung mit ihren Dissonanzen zu. Denn je williger wir Menschen uns mit all unseren Aspekten versöhnen, desto souveräner, authentischer, kraftvoller und leichtfüssiger können wir unseren Lebensweg beschreiten.

Das Konzept der Ausgewogenheit ist ein Ganzheitliches: es beinhaltet aktives Herangehen an Herausforderungen ebenso wie Still-Werden und die eigenen Kräfte sammeln und das Sich-Einschwingen auf aktuelle Erfordernisse. Es will weder Wut, Trauer, Angst noch Scheitern ausschliessen, sondern Wege aufzeigen, alle Emotionen als verborgenes Potenzial zu achten und zu integrieren..

Gerade in der heutigen hektischen Zeit mit ihrem Übermass an Information ist es hilfreich, bereits als junger Mensch zu wissen, wie die eigene Mitte zu finden und zu erhalten ist.

Achtsamkeitsübungen, Humor und integrative Quantenarbeit eignen sich ausgezeichnet, um emotionalen und organisatorischen Wirrwarr zu ordnen und dabei gelassen und klar zu bleiben. Wer die eigenen Fähigkeiten und Kräfte kennt, findet Geborgenheit in sich selbst und lässt sich nicht so leicht erschüttern. Das Vertrauen in das Selbst erst lässt einen Menschen in grösseren Dimensionen denken, fühlen und handeln.

Dass die Prägung unserer Kinder noch keine definitive ist, kann als grosse Chance betrachtet werden, neue, unterstützende Lebenskonzepte leicht und freudig zu installieren. Wem das Quantenverständnis zur Zeit noch als zu fantastisch und abgehoben vorkommt, darf sich von künftigen Entwicklungen überraschen lassen.

Die Welt wird immer flexibler werden, und wir mit ihr. Umso wichtiger ist es, dass jeder Mensch sich selbst als seinen besten Freund zu betrachten lernt und von seiner Mitte, aus seinem Herzen heraus zum verantwortungsbewussten, liebevollen und freudigen Mitschöpfer wird.

NACHWORT: DAS WICHTIGSTE IN KÜRZE

Schau dich um.

Fühle in dich hinein.

Stelle Fragen.

Bleibe neugierig und verspielt.

Wage es, auch mal etwas scheinbar
Verrücktes auszuprobieren.

Vertraue deiner Fantasie.

Halte Wunder für möglich.

Experimentiere mit den Quanten.

Sei freundlich zu dir selbst (ganz
besonders, wenn du dich unzulänglich findest).

INHALTSVERZEICHNIS